伝え合う力が育つ社会科授業

寺本 潔・吉田和義 編著

教育出版

もくじ

プロローグ　伝え合う力が現代っ子にはなぜ大切か……………………………… vi

1章　伝え合う力が育つ学級づくり

◆第1項　発言をつなぎ・事象をつなぐ社会科授業の特色 ……………………… 2
　1　伝える力を育てる
　2　社会に出て役立つ伝える力
　3　子どもの発言を引き出し，発言をつなぐ
　4　社会的事象をつなぐ
　5　社会と自分をつなぐ
　6　アクティブ・ラーニングに向けて

◆第2項　「おたずね」から「つなぎ」「じぶんごと」へ深まる手立て ………… 8
　1　「おたずね」とは何か
　2　「伝え合い」の整理
　3　「じぶんごと」へと深める手立て
　4　重視される思考・判断・表現力

◆第3項　社会科固有のいろいろな伝え合う力 ………………………………… 14
　1　疑問を伝え合う力
　2　根拠に基づいて伝え合う力
　3　解決策を伝え合う力
　4　伝え合う力を支えるのは知識や技能

2章　伝え合う力が育つ社会科授業実践

◆3年生　わたしたちのくらしに生きる行事の意味を伝える授業 …………… 20
　1　単元名　昔のくらしを調べよう
　2　単元目標
　3　「伝え合う力」へつなげるための教師の働きかけ
　4　指導計画
　5　授業の実際から「伝え合う力」を考える
　6　実践を終えて
　仲村先生実践への解説 ……………………………………………………………… 30

◆3年生　「伝え合う」学習を子どもたちのものに
　　　　　　～思考方法を明確にした授業～ ………………………………… 32
　1「伝え合う」学習が社会的な見方や考え方をよりよく育む

2 「伝え合い」を活性化させるには…
　　　　思考方法を明確にする　〜「どのように」考えさせるのか〜
　　3 「伝え合う」授業はおもしろい！
　　加藤先生実践への解説 ……………………………………………… 42

◆ 4年生　伝統的工芸品の価値を社会に伝え提案する授業 …………… 44
　　1 単元名「めんそーれー沖縄県　私たちの県のよさ」
　　2 単元について
　　3 単元目標
　　4 授業の実際
　　5 観光客の7割がリピーター
　　6 子どもの見方・考え方の価値の更新をどのように見るか
　　山内先生実践への解説 ……………………………………………… 54

◆ 4年生　火事からくらしを守る ……………………………………… 56
　　1 伝え合う力を育む
　　2 単元のデザイン
　　3 消防署見学のバージョンアップ
　　4 いよいよ，消防署の見学に出発！
　　5 新聞づくりにトライ
　　6 伝えること，たずねること
　　吉田先生実践への解説 ……………………………………………… 66

◆ 5年生　「伝え合う」ことを通して，社会的事象を"自分ごと"として考える … 68
　　1 単元名（5年）「わたしたちのくらしと情報」
　　　　小単元名「情報ネットワークを防災に生かす」
　　2 情報ネットワークの学習について
　　3 情報ネットワークの学習において，「伝え合う力」を育てるポイント
　　4 単元目標
　　5 実践の分析「人の姿が見える学習」
　　6 実践の分析「ネットワーク図の活用」
　　7 実践の分析「情報ネットワークの進展を"自分ごと"として考える」
　　8 本実践の成果と課題
　　草彅先生実践への解説 ……………………………………………… 78

◆ 5年生　「伝え合い」を生み出す教材開発と授業づくりの工夫
　　　　〜TPPによる関税撤廃後，日本の米農家は今後どうすべきか考え合う〜 …… 80
　　1 「伝え合う力」が身に付いた子どもの姿とは？

iv

2　教材開発の視点
　　3　授業づくりの視点
　　4　授業実践
　　佐藤先生実践への解説 …………………………………………………… 90

◆6年生　条約改正の必要性を考える　〜裁判劇をもとに伝える力を育てる〜 …… 92
　　1　当時の日本人の気持ちを予想し，伝え合う
　　2　単元のデザイン
　　3　授業の実際
　　齋藤先生実践への解説 ………………………………………………… 102

◆6年生　身近な社会保障に対する考えを伝え合う　〜社会への参画に向けて〜 …… 104
　　はじめに　6年政治単元で「伝え合う力」を育成する理由
　　1　単元名　わたしたちの願いを実現する政治　〜社会保障で考える〜
　　2　どうしても「伝え合いたくなる」ための素材の吟味
　　3　「伝え合う力」に視点を当てた社会科授業の創造
　　おわりに　教室内での「伝え合い」の先にあるもの
　　三浦先生実践への解説 ………………………………………………… 114
　　コラム：働く人への「おたずね」は，きっかけ・ご苦労（よろこび）・今後の抱負で
　　　　　 ……………………………………………………………………… 116

3章　伝え合う力を引き出す社会科授業の方法

◆第1項　資料の読解と事実確認の指導 …………………………………… 118
　　1　資料の読解と活用
　　2　事実を追究する学習
◆第2項　伝え合う力を引き出す教科書と地図帳の活用 ………………… 122
　　1　社会科教科書の特性
　　2　地図帳の活用と伝え合う力
　　3　伝え合う力を豊かにする授業の三条件
◆第3項　思考ツールで「つなぎ・じぶんごと」へ ……………………… 128
　　1　文章への過信からの脱却を
　　2　思考ツールのとっかかり
　　3　「じぶんごと」へつなぐ
　　コラム：思考ツールを使って伝え合うための社会科テーマ ………… 132

エピローグ ………………………………………………………………… 133

プロローグ

伝え合う力が現代っ子にはなぜ大切か

　観光の授業を終えて，那覇空港でこのプロローグを書いている。「観光地＋観光行動を表す動詞＝新たな観光の楽しみ方」という新しい手法で，言葉を紡ぎ出す授業を提案してきたところである。観光行動を表す動詞は，「風景の写真を撮る」とか，「沖縄そばを食べる」「レンタサイクルで走る」など，イラスト入りで描かれた，観光の楽しみ方を示す26枚の言葉カードによって構成されていた。こうした工夫が功を奏し，4年生ではあったが，活発にペアやグループ，学級で「伝え合い」を起こすことができた。「伝え合い」は，話したいと思うちょっとしたアイデアやネタ，欲求が話し手側に不可欠である。アイデアが全く湧かないで無理やり伝え合いを促しても，現代っ子は困るだけである。言葉をつないで一文章（できれば書き言葉）をつくり出す経験を積ませると，現代っ子は話し言葉も丁寧に，しかも語彙も豊かになる。授業では，47都道府県の中で沖縄県が観光面で9年連続で人気No.1である事実に触れ，子どもたちから「あれ（予想とちがった）」とか「すごいなあ！」という意外性や驚き，自分たちの県への誇らしさが生まれた。おそらくこのことが原動力になり，授業で「伝え合い」が活発化したのだろう。「伝え合う力」は，単にコミュニケーション力と定義しては物足りない。伝え合う必然性と伝え合う内容が要るからである。

　さて，本書は，「伝え合う力」をキーワードに三つの章で構成されている。第1章は，「伝え合う力が育つ学級づくり」と題したいわば小さな理論編である。発言をつないで授業を深めていくことが，学級づくりへとつながる大切さが述べられている。さらに，「おたずね」「つなぎ」「じぶんごと」と伝え合いを支える意識の持ち方を解説している。第2章は，本書の柱となる実践の紹介である。各学年で2本ずつ，計8本の読み応えのある授業実践が

事例として掲載されている。伝統的な生活習慣や子ども向け菓子ムーチーの由来，地図を使った学区の坂道探究，観光土産としたものの販売にかげりが見られる絣(かすり)という工芸品の価値，消防署同士の協力，ネットワーク図を活用した情報の仕組み，TPPと日本の米作りの問題，ノルマントン号事件の裁判劇，医療費助成という社会保障制度に切り込んだ実践など優れた教育実践論文が並んでいる。また，それぞれには編者による解説文も併記させている。

第3章は，伝え合う力を引き出す社会科の教育技術を解説した，いわば方法論である。資料が命とも言える，社会科授業における事実認識の重要性を指摘している。さらに教科書や地図帳，思考ツールなどの教師なら誰もが手にできる方法を分かりやすく記述した。社会科は，国語や算数と比べ，間口が広い。社会生活全体から教材が選定されるからである。したがって，指導に当たっては，教師の教材研究が欠かせない。教科書中の教材の一層の考察ももちろん大切であるが，同時に教科書にはみられない地域素材や現代的な話題などを盛り込んだ粋な教材こそ，子どもたちに魅力的に映るに違いない。資料の教育的価値を十分に見い出し，伝え合う場面が多く発生する授業を生み出したいものである。

本書を手に取って下さった方は，社会科指導がどちらかと言えば苦手な方であろうか，それともある程度自信と力量をお持ちの方であろうか。いずれにしても，子どもの「伝え合う力」の伸長に関心をお持ちの方と今後，教科をこえて重視される汎用的な能力の育成にとって本書が一助となれば幸いである。末筆ながら，『言語力が育つ社会科授業』と『思考力が育つ地図＆地球儀の活用』の前著に引き続き，本書を快く刊行して下さった教育出版の役員の皆様並びに編集の労をとって下さった秦浩人氏に記して感謝の意を表する。また，昨年ご逝去された社会科指導の名人，有田和正先生のご冥福をお祈りし，本書を謹呈したい。

著者を代表して　　寺本　潔

1章
伝え合う力が育つ学級づくり

自然をいかしたまちづくりの例として，東京都八丈島の手づくり観光ポスターを発表している子どもたち（4年生）

第1項　発言をつなぎ・事象をつなぐ社会科授業の特色

1　伝える力を育てる

　日常においては，伝えることによって，人と人とのコミュニケーションが成り立つ。伝えるとは，「つたわらせる。言葉を取りつぐ。また，（ひろく）言い知らせる。」ことを指す（『広辞苑　第六版』岩波書店 2008 年刊）。また，元来は「何かを経由して事物・作用などの位置を移動させる意」という（同書）。すなわち，伝えるとは，何らかの情報をその情報を媒介するメディアを通して，送り手から受け手へ移動させる過程を示すと考えられる。

　授業は，多くの場合様々な方法で情報を伝えることによって成り立つ。教師が情報の送り手となり，子どもに情報を伝えることが授業の基礎・基本である。教師が発した言葉による説明を，子どもが受け取ることによって，事象を理解する。また，同時に子どもが子どもに対して伝えることも重要である。自分が調べた内容や理解したことを子ども同士が伝え合うことを通して，同じ意見に共感したり，意見の相違や立場の違いに気づいたりする。子どもは自分の意見を友だちに伝えることを通して，理解を深めていく。

　情報が送り手から受け手へ届けられる間には，様々なメディアが介在する。発表の内容を書くための大きな模造紙もメディアの一つであり，パソコンや電子黒板もメディアである。また，伝えるときには，話す，聞く，書く，読むといった言語活動が重要な役割を果たす。

2　社会に出て役立つ伝える力

　経済産業省は，「今，社会（企業）で求められている力」として「社会人基礎力」を示している。すなわち，それは学校を卒業し，社会に出るときまでに身に付けておくべき力を意味する。経済界からは，学校教育に対して，少なくともこのような力を身に付けた人材を送り出してほしいという要望が

出されているといえよう。その中に，「チームで働く力」という項目がある。さらにその要素として「発信力：自分の意見を分かりやすく伝える力」および「傾聴力：相手の意見を丁寧に聴く力」が含まれる。これらは，周りの人

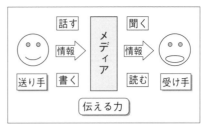

伝える力

とコミュニケーションを取るための能力と言える。学校を卒業し，社会に出るまでに，身に付けてほしい力であり，社会人として生きて行くためには，是非とも必要な力と考えられる。

○前に踏み出す力――一歩前に踏み出し，失敗しても粘り強く取り組む力――
　　主体性・働きかけ力・実行力
○考え抜く力――疑問をもち，考え抜く力――
　　課題発見力・計画力・創造力
○チームで働く力――多様な人々とともに，目標に向けて協力する力――
　　発信力・傾聴力・柔軟性・状況把握力・規律性・ストレスコントロール力

社会人基礎力で求められる力　　　　　　　　　　　　（経済産業省ホームページによる）

　これらの力を身に付けるためには，学校教育が始まる小学校から大学まで，それぞれの学校段階で，発達に応じて伝える力を育てていくことが重要と言えよう。小学校のときから段階的に，話す，聞く，書く，読むことを通して伝える力を高めていくことが求められる。日常の授業において，伝える力を身に付けることは，一生涯を通じて役に立ち，社会に出てからも必要な力を習得することにつながる。

3 子どもの発言を引き出し，発言をつなぐ

　伝える活動を活発に行うためには，はじめに子どもの発言を引き出すことが大切である。特に社会科の授業では，子どもが直接様々な資料に向き合い，資料と対話することを通して多様な発言が引き出される。発言するためには，発言のもととなる事象が，重要な意味をもつ。子どもが気づき，理解した事

実があって，はじめて子どもは，それについて発表しようと思い立つ。そして，一つの発言が導き出されれば，次はその発言に別の発言をつなげるようにしていく。

　小学校第5学年に，食料生産を扱う単元がある。農業の事例としては，しばしば「米づくり」が取り上げられる。この学習では，単元の導入における資料として，日本での米の生産量の分布図が示されることがある。この資料から子どもは，何を気づき，何を伝えようとするだろうか。

　Aさんは，「お米は，全国各地で作られている。」と気づいた。米の生産量の分布図を見ると，各都道府県に分布が広がっている。このような気づきを子どもが発言することによって，友だちに伝え共有できる。そして，次の発言を引き出すきっかけとなる。続けて，Bさんは「Aさんが言ったように，どこの都道府県でもとれるけど，お米がたくさんとれる都道府県と少ししかとれない都道府県がある。」と付け足し，分布の特色を説明する。さらに発言をつなげて，Cさんは「日本の北の地方に米の生産量の多い県がある。」と生産量の偏りについて発言する。また，今度はその理由として，Dさんは「広い平野があるところは，水田が広いから，お米がたくさんとれると思います。」と意見を言い，米の生産量が多い理由を発表する。米の生産量の分布図という資料をもとに，そこから発見したことを伝えること，あわせて，発言をつなぐことによって，事実の理解を深めていくことができる。このように，友だちの意見に，自分の意見を付け足していくことが伝える力を伸ばす鍵となる。

　さらに，世界の米の生産量を調べると，日本より南に位置する国々で米が多く生産されることが分かる。ここで子どもは，「世界では，だいたい日本より南の地域の国々でお米

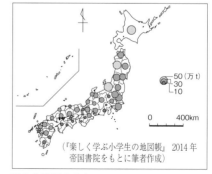

米の生産量の分布

がたくさん作られるけど、日本ではどうして東北地方や北海道地方でお米がたくさんとれるのだろう。」と疑問をもつようになる。このような疑問が、単元の学習問題へ発展していく。

4 社会的事象をつなぐ

　社会的事象は、広く社会科学習の対象となる事象を意味する。つなぐとは、ひとつの社会的事象と別の社会的事象の関連をとらえることである。

　日本の米の生産量の分布を見たときに、それまでに学習した日本の国土の学習が役立つ。米の生産が多い地域が、なぜ東北日本に偏っているのかを考えるとき、日本の国土の様子とつなげてみる。「広い平野があるところは、水田が広いから、お米がたくさんとれると思います。」という発言は、日本の地形の特色と米づくりの盛んな地域を関連させた発言である。東北日本には、日本海側の越後平野、庄内平野、秋田平野、太平洋側の仙台平野、北海道地方の石狩平野などの平野が広がり、それぞれの平野には、信濃川、最上川、雄物川、北上川、石狩川などの河川が流れる。このことを思い出し、米の生産量が多い県と重ね合わせて、その理由を追究しようとしている。

　また、「雪がたくさん降ることと、かかわりがあるかも知れない。」と思いつく子どもがいるだろう。もう一歩進めれば、「雪がたくさん降ると、春に雪がとけ、たくさん水が流れて来るから、田んぼに水を入れるのに役立つ。」と気づくことができる。それまでに学習した、東北日本の日本海側が深雪地域であるという事実と米づくりを関連させて考えることにより、米の生産量の分布を説明しようとしている。このように社会的事象をつなげ、関連をとらえることによって、「なぜなら」という理由が説明できるようになる。

　小学校第6学年の歴史において、ノルマントン号事件を取り上げる学習がある。これは1886（明治19）年に起きた海難事件で、和歌山県沖の太平洋でイギリス船ノルマントン号が沈没し、イギリス人乗組員は救助されたにもかかわらず、多くの日本人乗客は命を落とした。しかもイギリス人船長は、

事件後イギリス領事館で行われた裁判で，軽い罪に問われただけだったという。この事件から，子どもたちは，当時の人々の願いを追究していく。この学習では，幕末に結ばれた日米修好通商条約などの不平等条約と裁判との関連をとらえることが重要である。既習の幕末の学習で，日本とアメリカ，イギリス，フランスなどの諸外国との間で条約を結んだこと，それらの条約では治外法権が認められ，日本政府に外国人を裁く裁判権がなかったことを学んでいる。不平等条約と事件後の裁判とのかかわりをとらえることによって，事件が起きた当時の，是非条約を改正したい，という日本の人々の願いに迫ることができる。

5　社会と自分をつなぐ

　様々な社会的事象と自分とのつながりをとらえることは，「自分ごと」として考えることに結びつく。

　小学校第5学年の「米づくり」の単元では，単元の導入として，自分の食べている米の産地調べをする。子どもは，家庭で購入する米の袋から産地を確かめる。日本の食料生産の学習では，自分が毎日食べている食材の産地を確かめることを通して，自分の生活と農業や水産業とのつながりを考えることができる。食卓で食べている米が，新潟県で生産されているという事実を確かめることをきっかけにして，その場所がどのような場所で，人々のどのような工夫によって生産されているか追及する学習が始まる。

　水産業においても，学校給食の献立に魚が出されたときや家庭での食事で魚を食べたときに，その魚がどこで獲れたか調べてみるようにする。マグロを例にとれば，多くは南太平洋，インド洋などの遠洋で獲れることが分かる。

　食事の材料の産地を調べ，パンの原料の小麦はアメリカ合衆国，牛肉はオーストラリア，エビはインドネシアから運ばれることなどをとらえれば，自分たちの生活が世界と深くかかわっていることに気づくようになる。

　自分を取り巻く世界がどのように組み立てられ，世界の中のどこに自分が

位置するかを見つめ直すことが、社会と自分とのかかわりをとらえる基礎になる。子どもは、頭の中にその子どもなりの世界像を描いている。その中に社会的事象と自分のいる場所を位置づけ、両者のかかわりを理解できるようにすることが重要である。子どもが、より科学的で客観的な世界像を段階的、系統的に形成できるよう支援することが、社会科教育の大切な役割の一つであろう。

6 アクティブ・ラーニングに向けて

　アクティブ・ラーニングとは、能動的な学びを意味する。子どもが学習するときには、自分から進んで能動的に学ぶ姿勢が大切である。社会科においても、子どもが興味・関心をもって意欲的に学習に取り組むことが望まれる。アクティブ・ラーニングを実践するには、少人数のグループで意見を伝え合うことが有効である。少人数のグループは、2人のペアのこともあれば、3人から5人程度のグループを作ることもある。このようなグループで、学習に関するテーマについて自分の意見を伝え会う。授業の中にグループ活動を位置づけることが、能動的な学びを作るために重要な方法の一つである。グループで意見を伝え合うことができるようになると、学習への参加意欲が高まる。

　グループで自分の意見を伝えることは、自分の意見をもつことから始まる。資料を読み解き、何かの知見を得ることができると、それを伝えようとする気持

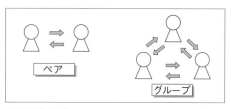

能動的な学び

ちが生まれる。伝えた結果、友だちが同じ意見をもっている場合もあり、違う意見に出合う場合もある。意見を整理し、共通点と相違点を見分けることによって、問題の解決に迫っていく。自分の考えたことを伝える楽しさ、友だちの考えを聞く楽しさを味わうことから、知的好奇心を満たす能動的で意欲的な学習が始まる。

（吉田和義）

第2項　「おたずね」から「つなぎ」「じぶんごと」へ深まる手立て

1　「おたずね」とは何か

　社会科授業では単元の導入で，分からないことが分かれば追究は半分成功したといっていい。つまり，どの部分が理解できないか，不確かなのか，がはっきりとすれば学習問題も明確になるわけである。扱う社会事象を丁寧に読み取り，そこから問題点を見い出す作業を，本書では「おたずね」と呼びたい。「おたずね」は人に対して行われる質問だけにとどまらず，教科書中の資料（写真や図表，地図）や実物（モノ）にも向けられる。次の写真は，教材写真

をノートに貼り付けさせて写真の周囲に読み取りの結果を書かせ，ペアで紹介し合っている場面である。

　また，単に「おたずね」できる段階でとどまるのでなく，事象と事象の間に横たわる関係に

気づかせ，関係の可視化を図解（矢印・囲み）や論理的な言葉で「つなぎ」，その事象の本質をつかませる指導こそ大事になる。

　ある板書を写した，次頁の写真を参照してもらいたい。これは，第5学年水産業の単元で，沖縄のもずく養殖を扱った導入場面のものである。漁協でもらってきた，もずく漁師（ダイバー）がもずくをホースで収穫しているポスターを示し，「これはどんな仕事か」「よくとれる時期は」「もずくが育つ環境は」「何メートルくらいの深さか」など「おたずね」の視点を教師から提示し（子どもから視点が出てくる場合もある），読み取りを深めている場面である。黒板の右端にはホースとウエットスーツが掲示され，これには「タイマー？はなぜある」などの問いかけがなされている。資料の周囲にこの

ような個別の問いかけを配置し，可視化・一覧化することで黒板を見ている子どもに，もずく養殖業の特色をインプットさせている。「おたずね」は学習で扱う社会事象の基本的内容を豊かにし，知識の共有化を図るメリットがある。もずく養殖場は，水深5メートル前後の白い（珊瑚のかけら）海底で，新鮮な海流が入ってくる内海が適しているが，そのことに気づいた子どもは，「どうして5メートルくらいの深さなのか，白い海底はなぜもずくの成育にいいのか。」（答えは光合成の促進にある）を問うようになる。つまり，事象の丁寧な読み取り→「どうして・なぜ・どのように」などの疑問符を付けて思考する習慣を，社会科授業で培うように指導していくことが大切になってくる。「おたずね」から「ぎもん」が導き出されるようになれば，必ず子ども自身も「どうしてだろう。」「たぶん，○○ではないのかな。」と予想を思考するようになる。

　予想（自分なりの解釈）が生まれれば，意見が出し合われ，複数の意見の比較もできる。つまり「伝え合う授業」が成立してくる。「ぼくは，もずくは岩がごつごつしている海底に生えると思う。」「ポスターを見ると白い海底で網のようなものに生えているよ。」などと自分なりの根拠にもとづいて発言してくる。根拠の出し合いから，さらに疑問が強まり，自分の問題意識に引き寄せた「問い」に高まってくる。

2 「伝え合い」の整理

　学級でペアからグループ，そして全体に「伝え合い」を広げていく中で様々な意見が飛び交い，複雑になってくる。教師は，ここで「つなぎ」の手立てを打つ必要が生じてくる。「つなぎ」とは，子どもから出てくる意見を関連付けたり，整理したりする手立てである。「似ている意見はどれかな。」「AさんとBくんの意見はどうやら反対みたいだね。」という交通整理が必要になってくる。社会科授業では，主に板書の工夫によって二項対立のように黒板の両端にわざと意見文を離して記し，KJ法（類似の意見を集め，枠でくくり小タイトルを付けて仲間分けする技法。文化人類学者川喜田二郎氏が考案した）や，いくつかの種類の矢印を使って仲間分けや関連付けを駆使することも多い。子どもが互いに根拠をもとに自分の意見や仲間の意見を「伝え合い」，相互の意見の違いをきちんと認識させていく場面は，一見遠回りのように思えるが，社会事象を自分に引き寄せ，当事者意識に立てるメリットが生まれる。消防士や農家の人，自動車生産のラインで働いている人，歴史上の人物など教科書に登場してくる人物は多い。見学学習や，ゲストティーチャーを教室に呼べばリアルな大人が登場するので，まさにその人の立場に立つ発言もできるようになる。「つなぎ」の手立ての結果は，できる限りシンプルな整理にもっていく方がよい。付箋紙を子どもに配布し，多様な意見をまとめさせる手法ももちろん推奨したい方法である。グループ（班）で話し合わせていくつかの意見を仲間分けする場面では，付箋紙が効果的であろう。右の写真は，各自が付箋紙に書いた意見を大きめの用紙の上で整理している場面である。こうした協同で学ぶ場面を，単元の中で一度は用意したいものである。

　ただし，班の世話役の子ども

が付箋紙に書かれた内容を手際よく仲間分けできなければうまくいかない。さらに，付箋紙に書かれた仲間分けから外れるユニークな意見も大事にしたい。ときとして，ユニークな意見に問題解決の手がかりが見い出せる場合もあるからだ。

3 「じぶんごと」へと深める手立て

　社会科は，社会の一員としての自覚を子どもにもたせる使命がある教科である。「おたずね」や「伝え合い」を重視するわけは，社会に無関心でいるのでなく，興味・関心をもち続け，様々な意見を理解し合い，最終的には民主的な社会を実現できる資質を育てたいという教科設立の理念が宿っているからである。とりわけ，自分にとっても重要な問題だと子どもが感じる手立てが必要であり，見学や調査，製作や劇化などの体験的な学びも取り入れつつ，「ひとごと」から「じぶんごと」へと課題意識を深めていく授業が何よりも大切である。算数科のような解（答え）がはっきりとしている教科では，ハテナ（？）からワカッタ（！）と一方向で授業は展開できるが，社会科ではそうはいかない。行きつ戻りつしながら，しだいに深まる印象が強い教科なのである。したがって，「じぶんごと」へと深めるには，「強い問い」や社会的ジレンマ（矛盾感），体験知による共感の布石，将来の自分の関与などを明確に意識化させていく指導が必要になってくる。先にあげたもずく養殖を例にすれば，沖縄もずく養殖業がもっている優位な点（自然条件）と不利な点（本土から遠い）を理解し，生もずくが県内では消費が伸びないため，酢づけにして本土に輸送しなくてはならない悩みなどを，共感的理解のもとで学んでいく必要がある。「どうしたら消費が伸びるか」を考えようともちかけると，「もずくたこやき」を考案する，もずくのコマーシャルを流すなど子どもらしい発想が飛び出す。時間的な制約もあり，社会科だけで「じぶんごと」を深めるには困難な場合もあるため，総合的な学習とセットで商品企画の立案を促すなど工夫を要する。

社会科授業では解決策の考案まで到達できなくても、問題意識がより明確になり、「じぶんだったら…」という意識に近づければよしとしたい。「じぶんごと」は、社会事象に無関心ではいられない態度を少しでも培うことができれば十分である。

4 重視される思考・判断・表現力

持続可能な発展のための教育(ESD)をご存じだろうか。日本政府が主導し、国際的に進められている教育課題の一つである。ESDで培われる力と学習指導要領及び確かな学力を比較して、一覧表にしてみたのが下の表である。これからの社会科は、表の中に見られる能力の育成に尽力しなくてはならない。

学習指導要領 ・確かな学力	ユネスコ国内委員会 (2008)	ESD – Japan (2006)
思考力 判断力	代替案の思考力 （批判力）	自分で感じ、考える力 問題の本質を見抜く力
表現力	コミュニケーション能力	望む社会を思い描く力
問題解決能力	体系的な思考力	具体的な解決方法を生み出す力
自律心	情報収集・分析能力	環境容量を理解する力 みずから実践する力
協調性		協力して進める力
感動する心	持続可能な発展に関する価値観（人間の尊重、多様性の尊重、非排他性、機会均等、環境の尊重等を見出す力）	多様な価値観を尊重する力

「おたずね」「つなぎ」「じぶんごと」という思考や態度変容を迫る流れは、グローバル化した社会においても、有効な小学校社会科の指導方法になるだ

ろう。「つかむ⇨調べる⇨考える⇨深める」といった問題解決の基本に沿った学習指導は，社会科の基本である。「つかむ」段階は，社会事象への「おたずね」から始まる。例えば，武家政権（鎌倉幕府）が，京都から遠く離れた関東に幕府を開いた事実を知り，どうしてこんなに都から離れた鎌倉に政治の中心を置いたのかを，素朴に疑問に感じるセンスを育てたい。そのためには，平安時代の貴族社会の様子や，源平合戦のもつ意味を理解しておかなくてはならないはずである。背後を山に囲まれた鎌倉の絵図を眺めるだけでは，「おたずね」は十分ではない。地図帳を開いて京都からの距離を縮尺で測ったり，当時の京都から鎌倉までの馬での移動日数も調べたりしなくてはならない。「おたずね」により初めて事実の意味が浮かび上がってくる。

　ところで，昨今はデジタル教科書やデジタル地図帳が活用されるようになってきたこともあり，板書を描く機会が少なくなる傾向にあるといえる。また，DVDの映像やグーグルアースなどのコンテンツも，学習効果を期待して使用が増えているため，どうしても黒板に教師自身が手描きで板書（略地図や図解など）を行う機会は減ってきている。しかし，学習は強調と省略の繰り返しなので，「大きく見せる」や「略して見せる」「関係付けて見せる」「ビジュアルに見せる」などの板書本来の機能は依然として大事である。トークとチョークだけで授業するなと先輩教師から叱られてきたが，ある意味でチョーク技は教師必須の専門技としてもっと意識してよい。研鑽を積みたいものである。

　社会科授業は，今後，価値観の形成に寄与できる教科として大きく発展しなくてはならない。一覧表にも見られるように「持続可能な」というフレーズはその価値観の中軸に位置付く概念である。上から与えられる価値観でなく，他者と協力し，よりよい解決策を伝え合う中で次第に自分なりの価値観が形成されていく。子ども時代からそうした学びを経験していくことで社会形成力が備わってくる。「伝え合う力」が育つ社会科授業を実現していく必要がある。

　　　　　　　　　　　　　　　　　　　　　　　　　　（寺本　潔）

第3項　社会科固有のいろいろな伝え合う力

　社会科の授業を進めていく過程で，いろいろな場面で児童による伝え合う場面が見られる。社会科は，学習問題を皆で話し合いながら，問題解決的に追究していくスタイルが基本であり，教科書や地図帳，様々な教材資料，ゲストからの情報，実物，見学調査で収集した事実，時事的ニュースなどから「問い」が生まれていく。その点で社会科固有の学びとは，社会事象という教材内容そのものに固有を示す顕著な側面があるが，ここでは内容ごとでなく，授業を進めていく上での教育方法と絡めた典型場面にフォーカスを当て，次の三つの角度から「いろいろな伝え合う力」を明確にしておきたい。

1　疑問を伝え合う力

　中学年の「健康で安全なくらしを守る公共の仕事」では，教材として消防署を扱うことがあるが，そこで「消防士さんは重さ 15kg もの防火服を着て消火活動に当たっている」という事実に対し，どうしてそんな重い防火服を身にまとっているのか，という疑問はなかなか生じるものではない。15kg という重さが児童には実感しづらいからである。このため，教師の指導の工夫として，15kg 分の砂袋を用意して担がせたり，数本のペットボトルに 15kg 分の水を入れてリュックサックを背負わせたりする体験を介在させることで，ずっしりとした重さであることを実感させる手立てを打つ。すると「どうして 15kg もの重い防火服を着ているのだろう？」「そんな重い服を着て，よく消火の仕事ができるなあ…？」と素朴な疑問が生じてくる。このような，実感が伴う疑問を自然に発することができるように，指導の手立てを工夫できる力が授業上手の教師には備わっている。

　つまり，疑問は与えられるものでなく，内から生じてくるものが本物の疑問であり，その問題意識が強ければ強いほど追究のエネルギーも強まってく

る。疑問が明確であればあるほど，即座に疑問に対する答えを導き出そうと児童の思考回路は動き出す。「消防士さんは，いつも訓練しているから15kgの重い服を着ていても動けるのではないか。」と訓練と結び付けて大丈夫と言い切る児童もいれば，「15kgもの重さに防火服がなっているのは，酸素ボンベやヘルメット，防火服そのものも厚手の生地で固いベルトも身に付けているからではないか。」「防火服が重いのは，消防士さんが火傷や怪我をしないような工夫だから仕方ないのではないか。」と重くなる理由を考え，次第に防火服のもつ社会的な意味に到達できる児童も出てくるようになる。その結果，「わたしは，防火服がそんなに重いのは，消防士さんが火傷や怪我をしていては人を助けられないからだと思います。」と核心に迫る発言が飛び出してくる。消防士さんは，消火活動が仕事の第一ではなく，燃え盛る火の中に飛び込んで人命救助に当たることこそ使命なのだという事実に迫れるようになるのである。多くの社会的事象は所与のものとして児童が既に目にしている事実である。半分りの状態で,「知っているよ。」「見たことがある。」とつぶやく事象が多い。だからこそ，本質をとらえる疑問をいかに導き出せるかが指導者に問われている。社会科固有の伝え合う力の一つとして，このような疑問の立て方こそ，大事にされなくてはならない。

2　根拠に基づいて伝え合う力

　6年歴史の単元では，文明開化を象徴する錦絵（煉瓦造りの街並みに変わった明治初期の銀座の通りを描いた絵）を扱う場面がある。教科書には，「明治時代になると，東京・横浜・大阪などの都市を中心に，西洋ふうの暮らしが広がりました。洋服を着る人や，西洋ふうの髪型にする人が増え，『ザン切り頭をたたいてみれば，文明開化の音がする』と言われました。牛肉やパンなども食べるようになり，建物や乗り物も大きく変わりました。」（K社）と解説が添えられている。

　多くの授業では，「江戸時代のまちと比べて明治になってからどのように

変わったのでしょう？」と問いかけることが多い。児童は，煉瓦造りの建物だけでなく乗合馬車や人力車，コウモリ傘をさした洋装や和装の人物の姿を簡単に見つけていく。「どうして建物が煉瓦になったのだろう？」という疑問には，「たやすく西洋の建物を真似たからだろう。」と答えに通じる予想も立てることができる。しかし実際は，単に時の明治政府が西洋風の街に真似たかったからだけではない。明治5年に銀座一帯を焼き尽くした大火事に対して，火に強い煉瓦造りの建物を欲したことも理由にあげられる。江戸はそれまで木造の家並みであったため，火災に弱かった。いわゆる「喧嘩と火事は江戸の華」である。乗合馬車や人力車の登場は，江戸時代までは庶民の自由な往来は制限されていたため，人々が街なかの移動を求めていたこともあげられる。築地や横浜に居住する外国人も，東京の街を自由に移動したがった。つまり，明治維新により自由な行動が許され，移動へのニーズが高まったから，手軽な乗り物が求められた。もちろん，西洋で流行っていた馬車を真似て車輪を付けた便利な乗り物に強い関心を抱いたせいもあるだろう。コウモリ傘をさした人物にしても，それまで主流だった番傘や蛇の目傘が和紙と竹で出来ていたのに比べ，傘の骨組が強い鉄の棒で作られ，和紙に比べて広くて破れにくい布地だったことが明治の人々に受け入れられたのである。根拠は，表面的な理由に留まっていては導き出せない。「わたしは，250年続いた江戸時代が終わり，明治に変わってすぐに風俗が変わったのはどうしてかなあと不思議に思います。」といった疑問が生まれれば，文明開化の本質がとらえられる。指導の手立てとして，「開化」の辞書的意味を調べさせるとよい。辞書によれば「①人間の知識が開け，文化が進歩すること。②西洋風俗や新知識を身に付けていることを気取ること。ハイカラであること。」とある。つまり，文明開化は単に政府によって押しつけられた変化でなく，人々から待ち望まれた変化であった事実に迫ることができれば大成功である。根拠に基づいて，児童が疑問や予想を伝え合う場面をいかに作ることができるか。社会科固有の伝え合う力は，問題解決力そのものと言える。

3 解決策を伝え合う力

　「市の人口は少しずつ減っているのに，どうしてゴミ処理の量は増えているのだろうか。」「ゴミの量を減らすにはどうしたらいいのだろうか。」や「生もずく（沖縄）の養殖は上手くいっているのに，どうして大半が県外に酢漬けで出荷されているのだろうか。」「消費量をもっと県内で増やすにはどうしたらいいのだろうか。」あるいは，「貴重な動植物がすんでいる森なのにダムや道路が建設されている。」「水需要が増していて観光用にも道路が必要なのは分かるけれど，森林を減らしてまで本当に必要なのだろうか。」などといった一種のジレンマ教材こそ，社会科固有の伝え合う力が磨かれる場面である。児童は既習知識をフルに使い，さらに根拠を導いてきた新しい資料（情報）をもとに発言できるようになる。「わたしは，人口は確かに減っているけれど，世帯数が増えていると市役所の人に教えられました。ゴミが思ったほど減らないのは，一緒に住まないで個人個人が自分の暮らしをしたがっているからだと思います。」，もずくの問題では，「もずくは，生で天ぷらにすれば美味しいけれどすぐに鮮度が落ちます。だから酢漬けにして出荷するのではないでしょうか。」「酢漬けになったもずくはそんなに多くの量を食べることができないから消費量が伸びないのだと思います。」，また「貴重な動植物は一度絶滅したら回復できないと思うから，ダム建設はやめたらいいと思います。」「水を使うことが多くなっていて，ダムは必要だけど，やはり県民がもっと節水することで新しいダム建設が要らなくなるから，解決策だと思います。」といった発言に至ることができれば十分である。

　社会科が扱うテーマは実に多岐に及んでいる。解決策や答えが見当たらないことも多い。だからこそ，伝え合う力を駆使して他者と互いに対話や討論を重ねて社会認識を深めていくことが大切になってくる。児童にとって解決策を考え合うことは，容易ではない。声の大きい児童の意見に左右されることもあるだろう。だからこそ，確かな根拠に基づいた発言を教師は取り上げ

ていきたい。「教科書の○○にこう書いてあるから，△△だと思う。」「お父さんに教えてもらったけれど，もともと○○だったんだそうです。だから，△△の方がいい解決だと思います。」「わたしが，駅前で見た様子では，観光で来た人は○○を買っているようだったから，お店の人に売れる商品をたずねてみました。予想した通りでした。」などといった事実に迫る対話が一つでも授業で垣間見られるようになったら伝え合う力が育ち始めていると言ってよい。

4 伝え合う力を支えるのは知識や技能

　当然ではあるが，社会科の授業で少しでもジレンマや予想とのズレについて考え合う場面が生じれば，話し合いの水準を底辺で支えるのは，社会事象に関する基本的な知識や技能がその子に備わっているか否かである。いきなり，食料自給率とか兼業農家，御恩と奉公などといった社会科固有の用語や概念を全員の児童に提示しても伝え合うことは上手くはいかない。第5学年から急増する社会科用語の理解度が，伝え合いを円滑に進める上での潤滑油にもなるので新しい用語が登場してきたら，その都度，国語辞書などで意味を調べて共有させておく手立てが必要である。

　さらに，地図や年表に調べた事象を書き込む，統計を読む，写真に写っている被写体と背景との関係性に着目するといった学習は，技能の発達が支えになる。学習技能と呼んでもよいが，教科書や地図帳に掲載されている図版や表・写真などを例に丁寧に読み取り，その結果を伝え合う経験を積み重ねる指導が欠かせない。

（寺本　潔）

2章
伝え合う力が育つ社会科授業実践

県を訪れた観光客の楽しみ方がイラスト化されたカードを用い，意見を伝え合いながら新しい滞在プログラムを立案する様子（4年生）

3年生　わたしたちのくらしに生きる行事の意味を伝える授業

1　単元名　昔のくらしを調べよう

　本単元は，小学校指導要領における内容（5）地域の人々の生活について，次のことを見学，調査したり年表にまとめたりして調べ，人々の生活の変化や人々の願い，地域の人々の生活の向上に尽くした先人の働きや苦心を考えるようにする。ア：古くから残るくらしにかかわる道具，それらを使っていたころのくらしの様子　イ：地域の人々が受け継いできた文化財や年中行事，に関連する内容である。ここでの学習は，子どもにとっての初めての歴史である。時間の経過による変化という目に見えない変化を道具や写真資料，調べ学習などから理解し，今昔を比較したり変遷をとらえたりするなどの歴史的思考力を養う学習として重要であると考える。そこで，体験的な学習も取り入れながら，子どもの興味・関心を高め，人々の生活の移り変わりをとらえることができるようにしていきたい。そして，現在のわたしたちのくらしは，昔の人々の努力や願いのもとに発展してきていることに気づかせたい。

　沖縄では，子どもの生活の中に昔から受け継がれている行事が数多くある。正月はもとより，二十四節期に合わせて行事が行われ，親戚一同が集まる機会も多く，子どももそれらの行事に参加している。しかし，一つひとつの行事がなぜ行われているのかについては深く考えることは少ないであろう。また，保護者が他県出身のために，沖縄の行事に接する機会が少ない子どももいる。このように一人ひとりの経験が異なる中で，昔のくらしについて考えるために，幼稚園や低学年で食べたり作ったりした経験のある「ムーチー」を取り上げることにした。

　「ムーチー」とは，漢字で「鬼餅」と書き，もち粉をこね，殺菌性のある月桃(方言でサンニン)の葉に包み，蒸すことで強い香りの付いた，ちまきのような餅菓子である。旧暦の12月8日頃には，これを仏壇などに供え，

家族（特に子ども）の健康を祈願する行事である。この時期には，スーパーや餅屋の店頭に「ムーチー」が数多く並ぶ。最近では，「ムーチー」を作るよりも買う家庭が多くなっているが，昔から受け継がれている年中行事の一つである。

　この行事をきっかけにして，生活や文化の移り変わりと人々の思いや行事を受け継ぐ努力について考え，郷土への愛情を養うとともに自分が置かれている生活の歴史を知ること，そして，先祖への尊敬の念を育てていきたい。

2　単元目標

　人々が受け継いできた年中行事，古くから残る道具とそれらを使っていた頃のくらしの様子について調べ，仲間と聴き合い伝え合いながら，それらを伝承・継承してきた人々の思いや願い，そして人々の生活の変化について考えることができるようにする。

3　「伝え合う力」へつなげるための教師の働きかけ

　「伝え合う力」とは，自分と他者の考えを双方向でつなぎ，最初の見方・考え方を更新して，よりよく考え学び合う力であると考える。そうすることで，社会生活を俯瞰して見ることができ，よりよい社会の形成に参画する資質や能力へとつながっていくと考える。

　　そこで，以下の視点で働きかけていく。
　【聴き合い・わかり合うかかわり】の場を設定する。
　○言葉そのものがわからない時
　　・仲間に尋ねたり，辞典・資料・Web・インタビューなども活用したりして調べる。
　○相手が何を言いたいのかわからない時
　　・相手が伝えたいことを，できるだけ自分だけの解釈で聞かないようにし，必要に応じて言い換えたり，動作・図式・絵などで補ったりしな

がら尋ねる。

4 指導計画

学習活動	「伝え合う力」へつなげるための働きかけ
第一次　ムーチーのヒミツを調べよう	
(1) ムーチーについて，気づいたことや疑問を出し合う。	・具体物を見たり触ったりすることを通して，既有の知識を引き出すようにする。 ・気づいたことや疑問をグループの仲間と話し合い，ノートにメモする。
(2) 学習課題を設定する。	・仲間に尋ねたり辞典で調べたりすることを通して，行事としてのムーチーを調べる課題へと焦点化していく。 ・家庭学習で調べてきた子どもの知識を価値付け，調べる意欲を高める。 ムーチーのヒミツを調べよう
(3) ムーチーについて調べる。 （時期・由来・材料・作り方など）	・ムーチーの基礎知識をグループで分担し，学習への参加意識を高める。 ・調べるための資料をあらかじめ準備し，課題について時間内でまとめることができるようにする。 ・調べたことをホワイトボードに整理し，全体で共有する場を設定する。

(4) 調べたことを整理し、新たな疑問を出し合う。	・振り返ってみることができるように教師が整理して掲示したり、ノートに貼ったりする（情報の共有化）。 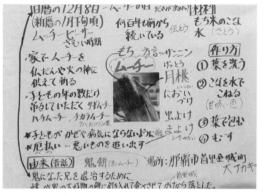 ・5W1Hで振り返りながら、新たな疑問につなげていくようにする。 ・本から得た情報だけでなく、新たな視点での子どもの発言を価値付ける。 ・共通の資料を提示し、根拠をもって考えることができるようにする。
(5) ムーチーに込められた思いや願いを考える。 	・これまでの学習を確かめ、考えをノートに書き、仲間と交流する場を設定する。  ・電子黒板を活用し、複数の資料を提示することで、比較する視点がもてるようにする。

第二次　年中行事について調べよう	
（1）自分の家や地域の年中行事ついて調べる。 （2・3）仲間の地域の年中行事について聴き合う。	・家の人への取材（家庭学習）や副読本での調べ学習の場を設定し，共通点や差異を見つけることができるようにする。 ・自分の住む地域の年中行事ついて知り，共通点や差異に気づくことができるようにする。
第三次　変わらないものと変わるものについて調べよう	
（1・2）昔と今の道具を比べて，その変化について考える。	・具体物（洗濯板）を観察したり使ったりすることを通して，道具の変化についての意識を高めるようにする。  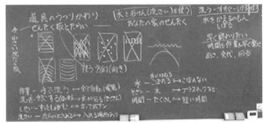
（3・4・5・6）博物館を見学し，昔のくらしに触れる。	・博物館を見学することを通して，学習したことをさらに理解し，自分の今の生活と比較する視点がもてるようにする。
（7・8）学習したことをまとめ，発表する。	・新聞や年表にまとめ，仲間と情報を共有する場を設定する。

5　授業の実際から「伝え合う力」を考える
(1) 第一次　第4時　★調べたことを整理して，新たな疑問を出し合う。

　教師は，子どもが調べたことを模造紙にまとめて提示し，「みんなが知りたいことは解決しましたか？」と問いかけた。
C1：「1月下旬の頃は沖縄は一番寒いんだよ。」
C2：「それってムーチービーサーって言うんだよ。」
Cn：「ビーサーってなによ。」
　T：「C1さんは，なんて言ったの？」
C3：「あっ，方言で寒いってことじゃない？」
　と，ムーチービーサーが寒いということに気づく子どもが出てきた。
　授業後，C4が「寒いって10度かな？」とつぶやいていたことがビデオでわかり，このときのつぶやきを次時の中で生かしていきたいと考えた。
　また，由来となる話の舞台が，那覇市首里金城町にあることを週末に調べてきた子どもが写真を提示したことをきっかけに，C5「どこから話が始まったのか。」という疑問が解決したり，C6の「どこの市町村でもするのか。」という疑問を，C7が「宮古島ではやらないって聞いてきたよ。」と答えてくれたりしていた。
　T：「じゃあ，もう解決したね。」
C5：「ぼく言ったさ，なんで作ろうとしたのかって。まだ解決してないよ。」
　T：「もっとはてなを探してみよう。」
C6：「お祈りしたものを食べたら意味がないんじゃないか？」
Cn：「どういう意味？」
C7：「意味なくないよ。お祈りするお母さんの思いが込もっているから…。」
(これは行事の意味につながる発言だと考える)
Cn：「そうか～」(子どもの納得する声)
　さらに，
C8：「どうして旧暦の12月8日にムーチーをするのかな。」

C9:「たぶん鬼退治をした日なんじゃないの？」

教師を介して子供が話をつなげたり，伝え合ったりする場面が見られた。これを生かして，次時の学習課題を設定していくことにした。

(2) 第一次　第5時　★ムーチーに込められた思いや願いを考える。

①指導目標

毎年決まった時期にムーチーをするわけについて，資料をもとにして仲間と話し合いながらその意味を考え，受け継がれている行事には人の思いや願いがあることに気づき，他の年中行事を調べる意欲をもつことができる。

②目ざす子どもの姿

・資料を根拠にして，仲間と話し合い，聴き合い，自分なりの考えをまとめている。

・家の人の思いや願いに気づき，行事に込められた意味を自分なりにとらえ，これから自分にできることを考えている。

③展開案

主な学習活動	★予想される子どもの姿	◇教師の働きかけ
①ムーチーについて調べたことを確かめる。	★サギムーチーやハチムーチーなどの種類があった。 ★鬼餅のお話の場所が首里にある。 ★月桃には虫よけや魔除けの効果がある。	◇年中行事の意味を追究するために，キーワード「変化と願い」につながるように調べたことを共有化する。
②学習課題をつかむ。		◇前時を想起しながら，学習課題を確かめる。
どうして旧暦の12月8日(新暦の1月頃)にムーチーをするのだろう。		
③自分の考えをノートに書き，仲間と話し合う。	★鬼退治をした日だから。 ★沖縄で一番寒い時期だから。	◇仲間と聴き合い・伝え合う場を設定する。 ◇沖縄の月別平均気温のグラフを提示し，昔話と比較する。

④調べたことや資料を根拠にして,由来の話ができたわけを考える。 ⑤自分の家族の思いや願いを知る。 ⑥学びを振り返る。	★病気になりやすい時期だから。 ★沖縄の1月は一番寒いから健康に注意して欲しいから。 ★小さい時は病気ばかりしていて,大変だったんだな。 ★いつも怒られてばかりだけれど,こんなことを考えていたんだ。 ★ムーチーを作って,私も家族の健康を願いたいな。 ★鬼の話が病気のことだと初めて知った。	◇ムーチーと自分のかかわりを実感するために,家族からの手紙を一人ひとりに準備しておく。 ◇仲間の発言や,知識の更新が意識できるように学習の振り返りを行う。

④授業の実際

「前の時間はどんなことを学習したかな？」

この発問の際に,子どもが自分のノートや掲示物を振り返る様子が見られなかった。そのためか,反応がなく,静かな状態が続いた。この後,全体的に教師と子どもの一問一答的なやりとりが続くことになってしまう。

自分の考えを各場面では,ムーチーについての掲示物に加えて,沖縄の月別の平均気温の棒グラフも提示し,自分なりの考えをもてるように工夫した。

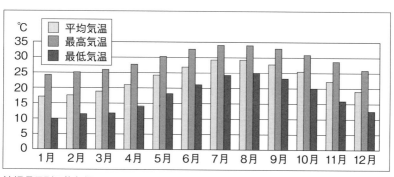

沖縄県月別平均気温

仲間と助け合い，学び合いながら，資料も読み取ることができるのではないかという予想のもとに提示したのだが，積極的にグラフを見に来ていたのは数人であった。資料の読み取り方の指導の工夫が必要であった。

考えが書ける子どもと書けない子どもに分かれてしまったため，予定時間をオーバーしても次の活動に移ることができず，授業の後半へつなげることができなかった。

形は変わっても行事が続けられるのは，人々の思いがあるからということを伝えたかったのだが，そこまで行かずに授業を終えることになってしまった。手紙は次の時間に子どもに手渡し，日記として感想を書いてもらった。

6　実践を終えて

本実践を通して，前述のように積極的に自分の家の行事や昔の様子について調べてくる子どもも増えてきた（次ページ参照）。

しかし，全体的に感じたことは，3年生の子どもにとっての社会科学習は，自分が今生きている実社会の学習でなければならないということである。教師の教えたいことを子どもの学びたいことに変え，学んだことを伝え合いながら，よりよい社会を形成していく意識を高めていかなければならない。

「伝え合う力」を高める授業の工夫をしていくとともに，「伝えずにはいられない」学習内容を考えていきたいと思う。　　　　　　　　（仲村恵子）

第2章　伝え合う力が育つ社会科授業実践

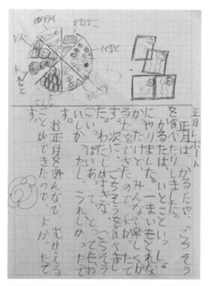

お正月の行事や料理をじっくりふり返る子

昔の遊びや給食を進んで調べる子

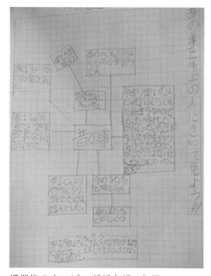

授業後のウェビングが広がった子

古い道具を進んで見つける子

29

◆仲村先生実践への解説

●単元設定と題材の持つ意味

　今や，伝統的な年中行事が日本の家庭から消滅しかけていると言っても過言ではない。生活スタイルの洋風化によって，衣・食・住・遊びのいずれの場面においても商業的な色彩が強まり，手づくり感が薄れつつある。これは沖縄県においても同様であり，「本土化」と称する日常生活の既製品化，デジタル化による家電や遊具のIT化，本土資本の大型ショッピングセンター進出による生活様式の同質化は，他の地方と同様に著しい。そうした中において，3年の代表的な社会科単元である「昔のくらし」や「道具の変化とくらしの変化」は，児童にとって身近なくらしを支える道具や生活様式が昔から受け継がれてきたものであることに気づくことと，くらしの向上を願って道具が変化してきたことを体験的に知る大切な単元となっている。本実践は，この単元の位置付けを明確化し，「一つひとつの行事が，なぜ行われているかについて深く考えることは少ないであろう。」と問題視し，さらに沖縄の文化にくわしい筆者（寺本）の助言もあって，児童の成長を願って家庭で作られてきた餅，ムーチーを中心教材として取り上げたものである。

●ムーチーに込められた社会的な意味の追究

　「ムーチーのヒミツを調べよう」と，学習課題を明確に設定した点は素晴らしい。わが子に風邪をひかせないように，厄払いの意味も込めてムーチーを作り，仏壇や火の神様に備える風習を通して，親の子への暖かい思いを感じることができる。各グループで調べたことを，ミニホワイトボードに整理させて発表させることで学級全体に共有させる手立ても有効に働いている。伝え合う必然性を教具の活用で促している。

　また，5W1Hで問いを振り返らせ，本から得た情報だけでは疑問が解決しないこと，新たな視点で子どもの発言を価値付けるなど伝え合う場面の意識化を図ろうと指導されている。

第2章　伝え合う力が育つ社会科授業実践

● ムーチー調べから洗濯板へ

　定番の洗濯板体験が，後半に位置付けられている。洗濯板は，たらいとともに手軽に道具の発達とくらしの向上を結び付けられる重要な教材でもある。「変わらないものと変わるものについて調べよう」と第三次のテーマを設定し，生活道具の変遷に隠された社会的な意味を整理しようと試みている。洗濯板⇨一槽式洗濯機⇨二槽式洗濯機⇨全自動洗濯機⇨ドラム式洗濯機といったように，洗濯という仕事が道具の変遷によって省力化していく過程を年表作成によって把握させようとしている。

● 「どうして冬場にムーチーづくりをするのか」の追究

　毎年，沖縄県の子どもをもつ多くの家庭で行われているムーチーづくり。材料や道具，供え方などを学習した後で，新暦の1月頃という沖縄県でも最も寒い時期に，ムーチーづくりが行われている理由を学習問題として設定している点は実に優れている。別名鬼餅とも呼ばれている，鬼の登場するムーチー話や，寒い時期に我が子に食べさせて病気にならないように祈る家族の願いや思いに気づかせることができ，前学年で学んだ生活科の家族単元や正月の準備の単元の発展形としても面白い。

　仲村先生は，沖縄県の月別平均気温図も子どもに提示し，1月が一番寒いという事実を客観的に理解させたいと指導の工夫を図ってみたものの，気温図には興味を引かないようであったと述べている。3年生という子どもの発達段階を考えると，さらに何か印象的な問いかけや寒い時期であることの意味（暖房器具が本土と比べて不足していた昔の沖縄のくらし方）を補足しておく必要があったと思われる。「形は変わっても行事が続けられるのは，人の思いがあるから。」ということを子どもに伝えたかったとの仲村先生の思いは，切実なものと受け取った。最終ページにある子どもの作品は，自分の家の正月料理や祖父母が子ども時代だった頃の遊び方や井戸水の利用などの様子を聞き取ってノートにまとめてきたものである。

（寺本　潔）

「伝え合う」学習を子どもたちのものに～思考方法を明確にした授業～

1 「伝え合う」学習が社会的な見方や考え方をよりよく育む

　社会科は，一つの社会的事象を様々な視点から見ることによって，個性的な見方や考え方に広がりや深まりが生まれ，社会的な見方や考え方につながっていくものと私は考えている。この様々な視点をもたらすのが，子ども同士による「伝え合い」である。事象について自分には見えていなかった部分を他の学習者とのやりとりの中で見ていくことができ，多面的な見方をもたらすことができる。集団で思考することのよさはここにあると言ってよい。

　本単元のように，「地域」という大きな教材を扱う際にも，この「伝え合う」学習は，とても有効である。お互いの居住地域の様子を話すことが，調査や観察，地図作りにもいかされるとともに，それぞれの生活経験の違いや地域に対する見方や考え方のズレが，調査・観察の目的の明確化につながったり，追究すべき学習問題を生み出したりすることにつながる。また，この見方や考え方のズレをもとにした学習を成立させることで，身に付けさせたい力でもある「比較」や「関連付け」といった思考方法を，子どもたちに必要性ある形で，学習の中に取り入れていくことができる。

　では，このような有効性をもつ「伝え合い」を盛り込みながら，子どもたちとともにどのような学習を展開していけばよいだろうか。3年生の「まちたんけん」の学習をもとに考えていきたい。

（1）**単元名：第3学年「わたしたちのまち　白幡（しらはた）は　どんなまち？」**

（2）**単元目標**

> 　白幡のまちを調査し，白地図や立体地図等にまとめる活動を通して，地域の地形や土地利用の様子，公共施設等の場所と働き，古くから残る建造物，交通の手段など地域の様子は場所によって違いがあることを理解することができるとともに，自分たちが住む地域社会に愛着をもつことができる。また，市域にまで関心を広げ，横浜市にはどのようなところがあるのか，どのような特徴があるのか，横浜市を概観することができる。

（3）教材について

　白幡のまちは，四方を小高い丘に囲まれており，学校は白楽(はくらく)駅とともに，まちの中でも一番の低地に位置している。よって，「学校の屋上からまちを眺めてみよう」と屋上に出ても，まちにあるものを見ることは難しい。せいぜい，丘の中腹や頂上にある建造物を見ることができるぐらいである。このような地域は，横浜の他の地域でも数多く見られるのではないだろうか。事実，海抜20〜50メートル程度の丘が各所に見られる。このような地域の実態から，地形の特徴を身近なまちや横浜市をとらえていく際の視点とし，単元を構成していくことを考えた。まちの高低を理解しながら，低地には商店や駅，人の集まる場所が多く見られ，高台には，住宅等が多く見られることと関連付けていき，横浜市全体と自分たちのまちとの共通点や相違点を見ていくような学習も可能であろう。また，市内には，金沢区の海岸沿いやみなとみらい地区，神奈川区の海岸沿いなど，埋立地も存在していることも，考えられるようにしたい。

（4）子どもの実態と教師の願い

　生活科のまちたんけんを経験した子どもたちは，社会科はどのような学習をするのかと高い興味と関心をもって，この単元の学習にのぞんでいる。生活科では，自分を中心とし，いろいろな事象と出合う中でもつ「気づき」を大切にした学習が行われてきた。社会科では，"たんけん"を一歩進め，「調査」としたい。目的をもって調査活動を行うことを大切にしている。子どもたちにも「たんけん隊」ではなく，「調さ隊」なんだということを伝え，活動してきた。社会的事象について，個々または集団で追究し，情意的な部分を育てながらも，客観的な見方ができるような学習活動，単元づくりを目ざしていきたい。

　問いをもち，学習計画を立て，目的をもって調査する。自分の足で稼ぐ調べ活動，すなわち施設見学や調査（数量の比較等），まちの人々への取材（アンケートやインタビュー等）を3年生のこの時期には大切にしたい。また，

人との出会いも欠かせない。特に地域について学ぶこの単元では，地域に暮らす人々の様子や取組み，気持ちについてふれながら，自分もまちの一員なのだという思いをもち，白幡のまちへの愛着をもてるようになってほしいと考える。

(5) 単元の評価規準

社会的事象への関心・意欲・態度	社会的な思考・判断・表現	観察・資料活用の技能	社会的事象についての知識・理解
●地域や市の特色ある地形，土地利用の様子，主な公共施設等の場所と働き，交通の様子，古くから残る建造物等に関心をもち，意欲的に調べている。 ●地域や市の様子の特色やよさを考えようとしている。	●地域や市の特色ある地形，土地利用の様子，主な公共施設等の場所と働き，古くから残る建造物等について，学習問題や予想，学習の見通しをもって考え，表現している。 ●土地利用の様子を地形的な条件や社会的な条件と関連付けたり，分布の様子を相互に比較したりして，地域の様子は場所によって違いがあることを考え，適切に表現している。	●観点にもとづいた観察や聞き取り調査を行ったり，地図や写真等の資料を活用したりして，地域や市の様子について必要な情報を集め，読み取っている。 ●調べたことを主な地図記号や四方位等を用いて絵地図や白地図にまとめている。	●地域や市の特色ある地形，土地利用の様子，主な公共施設等の場所と働き，交通の様子，古くから残る建造物の場所と様子等が分かっている。 ●地域の様子は場所によって違いがあることが分かっている。

(6) 実際の学習の流れ（全 24 時間）※予想される児童の反応・教師の支援は省略しています。

次	時	学習活動と内容	評価（☆）
第一次	1	みんながよく行くところはどこか？ ①商店や公共施設等，人が集まる場所や地域を発表し，白地図に位置付ける。	☆土地利用について関心をもち，まちの様子を調べようとしている。（関）
	2	屋上に行って確かめる。 ②まちを概観し，まちの様子と方位を結びつけて考える。 ●方位磁針を活用して，四方位を概観できるようにする。	☆実際に屋上から地域の様子を眺める中で，四方位について理解し，地図上等に表すことができる。（技）
	3	わたしたちのまち白幡は，「坂道や階段ばかりで大変なまち」なのか？ ③地形に焦点を当て，調査活動の見通しをもつ。 ●地図をもとに見学の計画を立てる。	☆学習問題をもとに調査の視点をもち，今後の活動の見通しを立てることができている。（思）
第二次	4～	A君の言う，必ず坂道や階段があるのは本当か？	☆まちの調査に進んで参加したり，視点をもって意欲的に調べたりしている。（関）

第二次	〜5	④1回目の調査活動に出かけ，階段や坂道の実態を知り，地形的な特徴について目を向けさせる。	☆調査の際，分かったことや発見したことを白地図や絵地図に記入している。(技)
	6〜7	「私の住んでいる白幡上町や仲町の方が急だ」というのは本当か？ ⑤2回目の調査活動に出かける。**1回目の調査結果や個々の調査と比較する。**	
	8〜9	Cさんの住む，仲手原南も調べに行こう。 ⑥3回目の調査活動に出かける。**今までの調査と同じ視点で比べられる**ようにし，まちの概観や土地利用の特徴につなげる。	
	10	調査した結果をまとめよう。 私たちのまち白幡はどんなまちだと言えそうか。 ⑦調査結果をもとに考え，話し合う。 ●自分たち子どもだけの考えだけでなく，まちに住むいろいろな年齢の人にも聞いてみる。	☆土地の高低等，まちの地形や土地利用の様子について，人々の暮らしと関連付けながら考え表現している。(思)
	11〜13	インタビューやアンケートで他の人にも聞いてみよう。 取材や調査の結果を発表しよう。 ⑧取材結果を発表し，まちの特徴について考える。	
	14〜17	立体地図作り ⑨白地図をもとに，紙粘土を使用して作成する。 立体地図をもとに考える。 ⑩立体地図をもとにまちの特徴について考える。 ●立体地図と土地利用を示した白地図を重ねる。	☆地域の特色ある地形，土地利用の様子，主な公共施設等の場所と働き，交通の様子等が分かっている。(知)
	18	立体地図と土地利用図をもとに考える。 ⑪2つの地図を見比べ，特徴を関連付け・朝夕の駅前を写した2枚の写真をもとに考える。	☆調査や資料等から気が付いた，人の動きの違いについて，交通等と結び付けて思考を広げ，他地域とのつながりについて考え，表現している。(思)
	19	朝夕で人の動きが違うのはどうしてだろう。 ⑫時間帯によって白幡に来ている人，白幡から横浜や東京に出る人がいることを理解する。 ●白楽駅の一日の乗降者数を確認する。	
第三次	20	人々はどこに向かっているのか。 ⑬電車の利用者の行先等について調べ発表し，他地域とのつながりが強いことに気づく。	☆自分たちの暮らすまちと横浜の地形や土地利用について比較して考え，適切に表現している。(思)
	21	他の駅前も白楽駅前と同じなのか。他のまちの駅前の様子について調べたことを発表しよう。	

第三次	22	⑭土地利用図や調査したことをもとに，土地利用の様子を白楽と横浜市で比べる。 ●横浜市の土地利用図をもとに比較する。 横浜市の特徴を地図をもとにワークシートにまとめよう。 ⑮学習したことを白地図やワークシートに表す。	☆地図記号や方位の使い方や便利さが分かっている。（知）
	23～24	わたしたちのまち，横浜はどんなまちと言えそうか。 ⑯学習の振り返りを行い，まちに対する見方や考え方を表出させる。	☆横浜市の主な公共施設等の場所と働き，交通の様子，古くから残る建造物の場所と様子等が分かっている。（知）

2 「伝え合い」を活性化させるには…
思考方法を明確にする　～「どのように」考えさせるのか～

　3年生の社会科の学習が，生活科と異なるところは，生活科が「点」でまちを見ていくことに対し，社会科では「面」で見ていくところにある。「まちの中にA文房具店がある」「近くに公園がある」というように，まちの調査で見つけたことを発表することは，確かに地域のことをよく知る上では大切であるが，点は点のままであり，まちの特徴を自然条件や社会条件と結び付けて考えられないばかりか，自分たちの暮らすまちでしか活用できない知識だけが残ることとなる。

　社会科では，他地域を見る際にも，自分の暮らす地域を見た際の見方や，考え方が活用されていかなければならない。つまり，まちの細部についてまで知ることを目ざすのではなく，地域や市を見つめる際には「どのように」見ていけばよいのかという，思考方法の獲得を目ざしていかなければならないということである。

　その例として，学習指導要領解説には，次頁のような観察・調査の方法が示されている。

第2章　伝え合う力が育つ社会科授業実践

> ・ありのままに観察する。　　　・数や量に着目して調査する。
> ・観点に基づいて観察，調査する。　・他の事象と対比しながら観察，調査する。
> ・まわりの諸条件と関係付けて観察，調査する。
>
> 　　　　　　　　（学習指導要領解説より　＜中学年での観察・調査の方法＞）

　示されている「比較・関連付け」の他にも，社会科では，「総合化する」，「多面的に見る」等，身に付けるべき力や思考方法があるが，中学年，特に3年生では，他教科において獲得すべき資質能力との関係性や既習の経験等を考慮し，「比較・関連付け」に重点を置いて指導し，地域や市を見つめる際にも活用できる思考方法としていきたい。

　また，「比較・関連付け」といった思考方法を子どもが活用していくことは，「どちらが…」という問いや調査の目的等を生み出しやすく，「伝え合い」を活性化させ，主体的な学習につながる。例えば，調査結果についての考察の場面でも，次のような違いを生み出す。

●思考方法が明確でない

- A地域に行ったら文房具店がありました。B地域には公園がありました。
- A地域に行ったら病院がありました。○○さんと同じで，B地域には公園がありました。

報告だけになり，子どもの発言，思考も停滞していく。

●思考方法が明確

- A地域にある階段はB地域に比べて段数が多い。だから，A地域は大変だと思う。
- ぼくは段数は多かったと思うけど，B地域の階段は段差がA地域に比べてきつい。だから，B地域は斜面が急で大変だと思う。
- ぼくも同じで…
- 私も似ていて…

発言につながりが生まれる。
⇒「伝え合い」が活性化⇒思考の広がり深まり

　思考方法が明確でない場合は，子どもの発言も報告だけとなって思考が拡散しがちになるとともに，教師が常に意見をまとめて子どもに返すなど，教師主導の学習になりやすく，子どもの主体的な学びにはつながりにくい。反

対に思考方法が明確になると,「伝え合い」が活性化するため,事象について自分が見えなかった部分が明らかになるとともに,問題が焦点化し,思考に広がりや深まりがもたらされる。

このように,「伝え合い」を活性化させるためには,子どもたち自身が,思考方法そのものを身に付けていく必要がある。

(1) 単元構想の段階で比較・関連付けを意識する　～教材の選定～

本実践では,「比較する・関連付ける」といった思考方法の獲得を明確に意識して取り組んでいる。それぞれの地域を高低差で比較したり,人々の動きと交通機関や土地利用との関連付けで考えられるようにしたりするなど,単元の構想の段階で,子どもたちが意識的に比較・関連付けを行って考えられるように教材を選定した。

＜単元構想＞

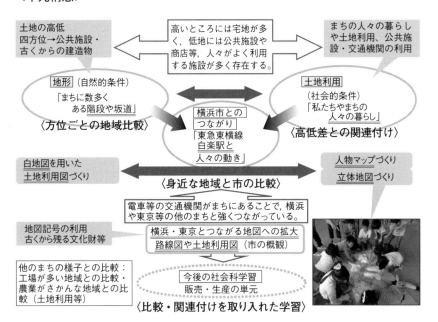

(2) 調査活動での比較　～観点の明確化・数や量への着目～

実際に外に出かけて調査するような活動の中でも,子どもたちに「比較」

の思考方法を意識させながら取り組ませるようにした。本単元では、「必ず坂道や階段があって大変だというのは本当か？」という学習問題のもと調査しているので、子どもたちは、自分の考えを根拠付けるために、坂道や階段の数、階段の段数、また、階段一段の高さ等、歩いていて大変だと主観的に感じるものを数値で示して自分の見方や考え方に客観性を伴わせようとしていた。(1) でも述べた、坂道や階段を中心教材の一つとして取り上げた理由はここにあり、一番段数が多い階段はどれか、一番段差がきついものはどれかといった具合に、比較する操作を無理なく活動に取り入れられる。

子どもたちの見方や考え方のズレ ⇒ 調査目的の明確化

（第4時・第5時）「必ず坂道や階段があって大変だというのは本当か？」

調査の必要性

1回目の調査と考察（西側　篠原台町方面）
○坂道や階段の実態調査
（「数値化」して表すことの価値付け）
同地区内での階段等を「比較」

比較観点の明確化 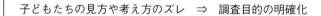 比較

（第6時・第7時）「白幡上町や仲町の方が急で大変だ」

比較の必要性

2回目の調査と考察（南側　東側　白幡上町
・仲町・仲手原1丁目方面）
○坂道や階段の実態調査
前回、調査した階段等との数値比較や
他の方位・地域との高度差の「比較」

比較観点の増加 比較

（第8時・第9時）「仲手原南にもすごくきつい階段がある」

新たな見方

3回目の調査と考察（仲手原2丁目・仲手原南方面）
○坂道や階段の実態調査、まわりとの高度差比較
前回、調査した階段等や高度差の「比較」
まちの様子（土地利用）についての比較

(3)「伝え合い」における思考操作場面の設定

「伝え合い」と言っても、グループや学級全体で、調査活動で発見したこ

とを発表するだけ、また、思ったことや感じたことを話し合うだけで終わってしまう授業をよく見かける。子ども自身が、1時間の学習の中で、何についてどのように考えたのか、どんな力を身に付けたのか分かるようにしていかなければならない。

「比較」や「関連付け」といった思考方法を子どもに身に付けさせていくためには、互いの見方や考え方を出し合う「伝え合い」の授業の中に、比較や関連付けにつながる、具体的な思考操作を取り入れることが大切となる。そのためにも、単元全体の構想の段階や調査活動の際だけでなく、各授業の中での思考操作場面、例えば、画像や表、グラフ等の非連続型テキストを用

資料A　2枚の写真の比較

写真A　　　　　　　　　　　写真B

比較する観点を、時間帯や人の動きに定め、定点観測した画像資料を提示する。

資料B　2枚の地図を用いた関連付け

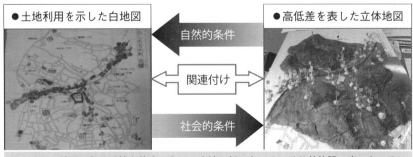

それぞれの地図に色分け等を施すことで、土地の低いところには公共施設、高いところには宅地が広がっていることがわかる。（※写真左は店舗に赤い印をつけている）

いた比較の思考操作がある。本実践の中でも，第17時・第18時では，次の資料Aのように最寄駅を利用する人々の朝と夜の動きの違いを2枚の写真をもとに「比較」し，自分たちが暮らすまちと市とのつながりに気づかせたり，資料Bのように土地利用を示した白地図と立体地図を見比べ，土地利用と高低差を「関連付け」て考えさせたりした。

3 「伝え合う」授業はおもしろい！

　集団での思考場面を大切にし，身に付けた思考方法を駆使しながら，問題を解決していく中で，子ども自らの個性的な見方や考え方は，少しずつ社会的な見方や考え方に近づいていく。「ぼくは資料を作ってきたんですけど…。」「まちの人に聞いてきたんですけど…。」，子どもたちが互いの見方や考え方の違いを本気になって語り合う中で，一つひとつの点でしかとらえられていなかった事象が少しずつつながりをもち始め，最後には「わたしたちのまち」という大きなとらえにつながる。まちは市につながり，市は，県に国に，そして世界とつながるものとして今後とらえていくことができるようになるだろう。

　「みんなで考えて，わからないことがあったら，調べに行く。」が社会科の合言葉である。はじめは，調査した資料を授業に持ち込むことや，自分の意見を述べることに戸惑いを感じていた子どもたちも，学習が進むにつれ，学び方を学び，調べたことを自分の考えの根拠として表出することができるようになる。「伝え合う」学習のプロセスを少しずつ認識し始めた子どもたちは，いつも楽しそうだ。　　　（加藤智敏）

◆加藤先生実践への解説

●**事実を正確に理解し，伝えたい情報を獲得する**

　社会科において伝え合う活動が充実するための基礎として，事実を正確に理解することが重要である。自分なりに地域の様子を理解したとき，子どもはその内容を誰かに伝えたいと思うからである。

　第3学年の「まちたんけん」の活動を通して，子どもは，様々な情報を獲得する。実践では子どもは階段や坂道の実態を調査する。「必ず坂道や階段があるのは本当か。」という問題を解決するために，地域に出かけて行き，学区域内の階段の数を数え，1段の高さを測り，比高を測定する。実践の写真から子どもが，自分たちの問題を解決すべく，意欲的に調査に取り組む姿が見られる。どうしても地域を調べたいという意欲を引き出すことに成功した優れた実践である。

　地域の調査において，地形をとらえるために，坂道や階段に注目したことが非常に素晴らしい工夫であるといえる。階段の段数を数えることを通して，高さを定量的に測定し，その数値を使って，他の子どもが調べた結果と比較することができるようになる。子どもは以前から，「坂がある。」，「階段がある。」ということは知っていても，何メートルの高さがあり，他の坂や階段と比べるとどちらが高いかについては，今まで考えたことがないかもしれない。この活動を体験することを通して，自分だけが獲得した情報をどうしても友だちに伝えたいと思うに違いない。この実践が示すように，伝え合いは，まずは自分なりに事実を理解するところから始まるといえる。

●**情報の授受としての伝え合い**

　伝え合う活動は，情報を誰かに発信する活動と情報を誰かから受け取る活動によって構成される。実践では，地域の人にインタビューする場面が設定されている。これは，子どもと地域の人が伝え合う場面だと考えられる。すなわち，自分たちの知りたいことを地域の人に伝え，地域の人から情報を受

け取るのである。「自分の住む地域がどのような町か。」という問題について地域の人にも聞いてみることを通して，自分の考えを深めたり，新たな疑問が湧いたりするようになる。地域で取材をすることも，子どもにとっては，伝える力を成長させる学習活動の一つと考えられる。

●**地図作りで情報をまとめ，伝え合いを引き出す**

単元の中で地域の立体地図を作成する。実践では，この活動を通して情報をまとめ，伝え合いを活発にさせている点が，見事な展開である。立体地図を見れば，地域の標高の高い所と低い所が明確になる。また，土地利用図と両方を重ね合わせることによって，地形と土地利用の関連が分かるようになる。子どもは，階段調べによって高さの違いを確かめているので，実感をともなって，立体地図を読み取ることができる。地域全体の地形の特色を読み取ることを通して，「土地が低いところには，鉄道の駅があり，お店が集まっている。」など新しい気づきが生まれ，伝え合いが進化する。

●**社会科との出合いを豊かなものに**

「学校のまわり」に関する単元は，第3学年の最初に位置付けられる。この単元では，実践で紹介されているように，「疑問をもつ→調査する→結果をまとめる→表現する」という過程を経て，学習が進んでいる。社会科における学習は，これ以後の単元でもこのような過程に沿って進められる。事実を理解し，その上で情報を伝え合い，学習を深める面白さを，この単元で実感することは，子どもの社会科学習全体への意欲を高めることに結びつく。この実践が示すように，第3学年のはじめの段階から，このような魅力的な学習を組み立てることが，社会科好きの子どもを育てるために重要であろう。

（吉田和義）

4年生 伝統的工芸品の価値を社会に伝え提案する授業

　いわゆる県の学習単元では，47都道府県の構成とその中での県の位置，県の地形や交通，土地利用，自然環境をいかした県内の特色あるまち，伝統文化をいかした県内の特色あるまち，他地域や外国とつながる県が学習内容として設定されている。これらは，ともすれば細切れで関連性のない学習に陥りやすく，教師からの一方的な解説型の授業になりがちである。本実践では編著者である寺本の助言も取り入れつつ，子どもたちが自県の伝統的工芸品である琉球絣(かすり)の価値に気づき，なんとかして観光客に買ってもらうにはどうしたらいいかを「伝え合い」を通して考えていく態度の育成にねらいを定めた。

1　単元名「めんそーれー沖縄県　私たちの県のよさ」
　（全32時間，総合4時間を含む）

2　単元について
　沖縄県は範囲が東西600kmに広がり，島々が多く，自県の地理的な認識は容易ではない。ともすれば知識の単純な理解にとどまることも危惧される。また，まちづくりの事例の学習を通した学習に至っても，単に資源としていかしたまちづくりの事例学習に終わりかねない。自分たちが住む県の資源（よさ・魅力）に気づき，積極的に関わっていこうとする意識を育むには，「自分ごと」として県のよさや魅力に気づき，関わっていこうとする何らかの学びの窓口が必要である。そこで，リーディング産業である「観光」を窓口として設定し，資源をいかした観光の視点からとらえ直すことで，県民の一人として主体的に自県のよさや課題を追究できるのではと考えた。
　沖縄県は，亜熱帯気候に育まれ，自然の美しさや独特な文化，人に魅せら

れた多くの観光客が訪れ、日本を代表する観光立県である。また、沖縄への観光は、年間数回以上も訪れるリピーターが観光客の7割を支えている実態がある。事前に児童にアンケートした結果、本学級の児童は、観光客のほとんどは、ビギナーで沖縄美ら海（ちゅらうみ）水族館や、首里城などの有名な観光地を巡るために沖縄に来ているとの認識にとどまっている。こうした児童の先入観とリピーター客が多い事実とのずれを扱うことで、観光の視点から沖縄県の持つ本当のよさに気づいてもらいたいと考えた。「住んでよし、訪れてよしの沖縄県」を実現するためにも、単元終末時に作成する「わたしたちの県の観光振興プラン」づくりを促していきたいと考えた。

　指導に当たっては、観光からみた沖縄県のよさをメインにおき、伝統・文化をいかしたまちづくりの例として南風原町の絣の里づくりを、また自然環境をいかしたまちづくりへの例として、海水と気候をいかした天然塩の生産に励む粟国島を扱いたい。観光を通して、沖縄の本当のよさを意識させるきっかけとして、リピーター客の観光目的である「保養・休養」に着目させ、見えにくい沖縄県のよさについて深く思考させ、その中で、児童が仲間（ペア・グループ・集団）やゲストとの協同の学びを通して、自分や仲間の考えを吟味し合い問い直していく中で、「沖縄県の観光が盛んであるということの意味の追究」を自分ごととして追究していくことになるだろう。その結果、自県のよさに対する見方・考え方が社会的に更新される学びを目ざしたい。

3　単元目標

①見学や体験、資料活用などを通して豊かな伝統・文化や自然をいかしたまちづくりが、観光の盛んな沖縄県の魅力を高めていることを知る。

②沖縄県の観光が盛んであるということの意味を追究するために、観光目的である「保養・休養」に着目させ、その背景について仲間と吟味し合い、自県のよさに関する見方・考え方を更新する。

4 授業の実際

　県内にある，南風原町の伝統工芸品琉球絣の生産を取り上げる学習の後半の場面のみ掲載したい。なお，この単元は全32時間（内4時間は総合）で実践したものである。【　】内は学ばせたいことと教師の働きかけを示す。

　第9～13時（見学）【伝統や文化をいかしたまちづくりの例を知るために，南風原町の琉球かすり会館で絣を織り上げる工程を体験しその周辺を散策する】

琉球絣の織機を体験する子どもたち

染色に驚く子どもたち

　第14時【伝統工芸品である琉球絣を受け継いでいく意味を知るために，見学で学んだことをビデオやワークシートで整理しながら明らかにする】

　子どもたちの追究課題を再確認して，全体で共有していった。「絣作家の大城さんが，絣をなくしたら困るって言っていた。」というつぶやきから，「なぜ，なくしたら困るんだろう。」へとつながった。子どもたちは，絣生産の25工程を手づくりで行い，一反織り上げるのに2カ月以上かかる事実から，大変な思いをしているからなくしたら困る，という思いを見学で体験したことを思い出しながら語っていた。

【授業の振り返り（リフレクション）】

　「おたずね」を一つひとつ確認していった。ただそうなると，一問一答になり，学んだことが実感を伴わないと感じた。やはり，体験で学んだことに必然性をもたせ，体験と知識がつながるためにも，授業の導入から問い（子どもの見学に向けての追究課題でもある）を投げかけて進める必要があった。板書のように，問いは設定されているが，それと「おたずね」をつなげる手だてがなかった。単に答え合わせになってしまった。「なぜ，なくしたら困るのか。」から，伝統工芸品を受け継いでいく意味へつなげたい。その時に，「高価であるわけ」を視点に授業を展開していきたい。そうすることで，体験で学んだことがらを動員させて語ることになるであろうと考える。

　第15時【琉球絣の本当のよさに気づくために，高価であることのわけを，これまで学んだことをもとに考える】

　子どもたちの疑問だった，「大城さんは，なぜ，絣を継ごうと思ったのか。」から授業を進めた。「大城さんが絣をなくしたらいけないからと言ってた。」という子どもの声から「なぜ，伝統工芸である絣をなくしたら困るのか。」について話し合った。「もしなくしたらこれまで受け継いだことが無駄になる。」「絣を仕上げるまでには，手作業で25工程もの苦労があるし，手間がかかるから。」との意見に対して「高いから300円セールする。」「売れないと困るから安く売って宣伝することで広まるし，大城さんたちも売れたら嬉しい。」との声も聞かれた。しかし「あんなに大変な思いをしているのに安くできないし，価値が下がる。」といった意見もあり，子どもたちは対決ムードになってきたので，教師が「伝統工芸品がなくなっても君たちは困らないよね。」と問いかけた。すると，子どもは「困らないけど，本物がなくなったら，これを楽しみにしている観光客が困る。」「沖縄の伝統がなくなる。」と答えた。そこで，子どもにどうしたいかと問うと「高い理由は手づくりだし，25工程もの手間や心が込められているからだ。しかし，高すぎて買えないし，もうけも少なく，広まらないからどうしたらいいのだろう。」という社会的なジレンマに整理さ

れた。最終的には，有名にしたいし，広めたいとの思いは全員一致した。

その後，子どもたちは，話し合いに積極的に参加していた。しかし，途中からけんか腰になり，意見のぶつかり合いになってしまった。そのままだと，よりよい話し合いにならないと授業者は判断し，途中，子ども同士で話し合いを整理させた。沖縄の伝統を広めて有名にしたいのは，双方の思いであるということを，教師が子どもたちに伝えると納得した。意見が対立傾向になりがちな話し合いの際，教師の働きかけとしては，①双方の言い分を途中で子どもに整理させる②整理する中で接点を見つけさせる③最初の問い（課題）に戻し，何のために話し合っているのか確認する④個人攻撃にならないように，○○さんの意見と同様の人の意見を聴く⑤途中，隣同士で意見交換する協同の学びの場を設定する，などが効果的である。「広めたいけど高価だから売れない」というジレンマから，授業を展開していった。また，対立する状況にならないように，常に話し合いの目的（何のために話し合っているのか）に戻り，できるだけ全員参加出来るように，ペアでの意見交換の場を設定した。

第16時【琉球絣のよさを伝えるための絣組合の努力を知るために，いろいろ開発された絣商品を提示して，その商品が作られているわけを考える】

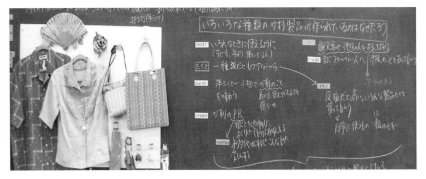

前時の子どもの問いである，「高い理由は手づくりだし，25工程もの手間や心が込められているからだ。しかし，高すぎて買えないし，もうけも少なく，広まらないからどうしたらいいのだろう？」を受けて，本時の発問である「いろいろな種類の絣製品が作られているのはなぜだろう。」を設定した。教師と

しては，これらの絣製品が，前回の子どもの問いを解決する教材になると考えていたからである。しかし，子どもの反応は思ったよりも良くなかった。「意味がわからない。」「何を書いていいかわからない。」などのつぶやきが聞こえ，ノートに自分の考えが書けない子が意外にも多かったのである。また，一問一答のような学びになり授業が活性化しなかった。子どもが，あまりノートに自分の考えを書いていなかったのだ。本時の問いは「いろいろな種類の絣製品が作られているのはなぜだろう。」である。子どもの問い，「絣を広めたいけど高くて売れない。」→「売るための努力・工夫。」→「絣組合の考えた，いろいろな絣製品。」→「いろいろな種類の絣製品が作られているのはなぜだろう。」が生み出された。つまり，多様な製品を考えることで，子どもの問いの解決になると考えたが，子どもにとっては，途中のステップを知らない上に，つながらない問いになってしまった。よりよく考えさせるためには，問いに必然性をもたせることが大切であることを改めて感じた。また，こういったところから教師と子どもの思考のずれが起こるということに気づかされた。

問いの設定の仕方はいろいろあると思うが，今回のように子どもに必然性をもたせ，教師と子どもの思考のズレが起こらないようにするために，できるだけ子どもの声から問いを設定していく方向が大事である。

第17〜18時【沖縄には，琉球絣以外にも観光資源が多くあることに気づき，知識を増やすために，県内の児童に配布されている副読本『めんそーれー沖縄観光学習』から調べる】
○考えたくなる問い「沖縄には，琉球絣以外に自慢できるものは何があるだろう。」
【授業の振り返り（リフレクション）】

17時と18時は内容的にあまり変わらない。にもかかわらず，子どもたちがこんなに集中力が違うものなのか。その違いについて考えてみることにした。18時は，内容的に17時と類似しているので，中だるみしていくのがわかった。そこで，教師は，授業中に授業の方向性を変更し，数多くの沖縄のいいものを出し尽くすというよりも，ある内容に絞ってそれらを深めていこ

うと考えた。具体的には，①沖縄の自然である地形や位置，景観②沖縄の季候③エコツーリズム④沖縄戦，である。いずれも，教材に沖縄の魅力として載っている。方向転換したところから，ようやく子どものエンジンがかかってきた。①については，「なぜ，沖縄には固有種が多く，また珊瑚礁やマングローブなど自然が豊かなのだろう。」と問いの形にした。問うことで，教材に書かれた内容を活用する必然を作り出した。②の亜熱帯気候は①につながるものである。③は①，②の自然の大切さを理解することと，次回行う観光産業につなげるものにした。特に④については，子どもは沖縄戦が魅力と書いてあるのに違和感を覚えていた。「なぜ，魅力なのだろう。」の問いを皆で考えることにした。ひめゆりの塔や平和のいしじの存在の意味を追究した結果「二度と戦争を起こしてはいけない。」ということをみんなに知らせるという意味で沖縄のよさにつながることが分かった。ここで気づいたのは，調べ学習を単に答えさがしにしないことである。問いを出して，その問いに対して，調べたことを活用して答えるということが大事である。さらに，「なぜ？」を追究させ事象や事物の意味の追究につなげることが大事である。

第19〜20時【たくさんの沖縄県のよさを観光客の視点からとらえるために，観光の概要（観光の意味や観光客数の推移，観光地）について調べる】

＜よりよく考えさせるための問い＞たくさんの沖縄のよさは，誰に広め，知ってもらうのだろう。このときの板書を次に示す。

第19時で，沖縄のよさを誰に広め，知ってもらうのかの問いに対して，子どもからは，「沖縄をよく知らない人」「県外や県内の観光客など世界中の

人」という意見が出てきた。「沖縄に来たことのない人や沖縄のことを全部知らない人」というKの意見から，それを伝える対象は，「観光客」ということに整理された。その後，観光の意味を調べたところ，美しい風景や名所を見物するという意味がわかってきた。

　第20時は，「どれくらいの観光客が沖縄に来ているのだろう。グラフから気づいたことを話し合おう。」の問いからスタートした。年々増えてきているし，8月に特に多くなっている。やがて，月を問わず年間を通して来ている。ということを複数の統計資料（年次,月別など）の読み取りから推測していた。

　ここで設定した問いも，「気づいたことを見つけよう。」と，やはり曖昧である。①「観光客が増えてきたのはどうしてだろう。」や②「観光客が増えると沖縄のよさが伝わるからいいよね。だから，もっともっと増えていった方がいいよね。」など，子どもの思考を刺激するようなもの，つまり，考えたくなるような問いが必要である。①は，沖縄に魅力がある→魅力は何かな→これまで学んだことを総動員させて語る→『めんそーれー沖縄観光学習』から，新たな根拠である，道路，港，空港，ホテル観光施設の整備の充実へ広がる。そこで②のそれならもっともっと増えていった方がいいよね。→増え続けた方がいい・増え続けるとだめ（困る）→よさは伝わるけど，環境が破壊される→よさがなくなる→本時のリピーターの目的である保養・休養ができなくなるというジレンマに気づいていった。保養・休養したい観光客自身が，それをできない状態をつくってしまう可能性がある。子どもは，沖縄のよさを更新するだけではなく，更新された沖縄のよさをどう守り，持続させていくかという「エコツーリズム」へもつながる見方を獲得した。

5　観光客の7割がリピーター

　山場となった授業では，次の二つの目標を設けた。
○沖縄県を訪れる観光客は，その7割をリピーター客が占めている事実を知ることができる。

○自県のよさに関する見方・考え方を更新するために，リピーター客の観光目的である「保養・休養」に着目させ，その背景について仲間と吟味し合う。山場となった授業の指導案を下記の表に示す。

主な学習活動	子どもの姿	個をつなぐ教師の働きかけ
①グラフ（観光客のビギナー・リピーターの割合の推移）の読み取りを行う。 追究課題	C：青はビギナー赤はリピーター。 C：ビギナーは減ってきて，リピーターは増えてきている。 C：2008年はリピーターが76.8％でほとんどである。	①グラフを正しく読み取るために，全体の観光客数は，リピーターやビギナーの増減に関係なく増加してきている事実を押さえる。
何度も沖縄にきたくなる秘密は何だろう？その理由を考えよう。		
②その理由を考えノートに書く。 ③ペアで情報交換する。 ④全体で吟味する。	C：海がきれいだから。 C：食べ物がおいしいから。 C：あたたかいから。 C：イベントや行事がめずらしいから。 C：自然や多くの固有種がいるから。 C：景色（景観）がいいから。 T：1位は？　C：海だと思う。 T：2位は？　C：食べ物〜。 T：3位は？　C：伝統文化かな？ T：沖縄の人の魅力が21％だよ。	②何度も来たくなるだけの魅力（秘密）に着目するために，ディズニーランドの例をあげ，子どもの素朴概念を引き出す。 ④根拠をもとに，リピーター観光目的を考えるために体験や，これまで学んだ既習知をもとに考えさせる。
⑤観光客が感じる沖縄の魅力についてデータからとらえ，それらが示す意味（どういうことなのか）について考える。	C：え〜沖縄の人が魅力って？何だろう。 T：のんびり・癒しが14.3％だよ。 C：どうして，のんびりしたり，癒されに何度も来るの？どういうことなのかな？ ●のんびり・癒し C：景色や海がきれいだから疲れがとれる。 C：電車がないからのんびりできる。 C：人があまり多くないから疲れない。 C：あたたかいから。	⑤子どもの固定概念とデータが示す事実との大きな差を示すために，データーを効果的に提示していく。 ⑥観光客がここまで何度も来たくなるような，のんびりや癒しってどんなことを言っているのか具体例を考える。
のんびり・癒しになることってどんなことだろう。また，人の魅力って何だろう？		
⑥自分の考えやそのわけをノートに書く。 ⑦ペアで情報交換する。 ⑧全体で話し合う。 ⑨学んだことを振り返りカードに記入する。	C：優しい人。 C：笑顔がいい。 C：元気がいい。 C：明るい。 沖縄のよさについて，見方や考え方が，これまでと変わったところはないですか。変わったというところを書いてください。	⑧自県のよさを再発見・再認識するために，のんびり・癒し，沖縄の人の魅力の背景にある意味を追究させる。 ⑧自県のよさに対する見方がどのように更新したのかを，「見えるよさ」「見えないよさ」の視点から子どもの言葉で整理させる。

授業では，何度（20回以上）も沖縄を訪れているリピーターの観光目的を探ることから，沖縄のよさに関する見方・考え方を更新する授業を展開した。具体的には，データ（観光客のビギナー・リピーターの割合の推移）の事実から「何度も沖縄に来たくなる秘密は何だろう？」の問いを引き出した。そこで，その根拠について，仲間と吟味し合いながらこれまでの体験や資料から学んだ，沖縄のよさ（自然・歴史・文化・食・行事・イベントなど）を総動員させて語ることができた。

そこで，沖縄の「見えるよさ」に執着した子どもの固定概念を崩すために，「観光客が感じる沖縄の魅力」についてのデータを提示する。観光目的上位項目が，「のんびり・癒し」「沖縄の人の魅力」という意外な事実から視点を広げることで，これまでの学びを仲間と吟味し合いながら振り返るであろう。このような学びを創り出すことで，「のんびり・癒し」「沖縄の人の魅力」という沖縄の「見えにくいよさ」の具体的な中身を探ることで，本当の意味での沖縄のよさについての見方・考え方が更新されると思われる。

6 子どもの見方・考え方の価値の更新をどのように見るか

まず，授業中の子どもの発言からとらえることができる。例えば，「沖縄の人はやさしいから。」「元気がある。」「病気がなおる。」「都会みたいにごちゃごちゃしていないから。」「方言がいい（やさしい喋り方）。」「海をみると気持ちいい。」「空気がおいしい。」「あたたかい。」など。次に，学びの記録（ノートや振り返りシート）からもとらえることができる。自県の見えないよさについて触れているなど記録を参照することが大事である。子どもが，学習を進めていく過程で対象に対する見方や価値観を変化させていくこと。このことで子ども自身に学習の効力感が生まれ，授業に参加するという実感がもてるはずである。簡単に答えが類推できる教材ではなく，「伝え合い」や「吟味」など深い思考に導く歯ごたえのある教材をこれからも開発していきたい。

（山内かおり・寺本　潔）

◆山内先生実践への解説

●単調な単元を活性化へ

　4年の「わたしたちの県のようす」は，教科書通りに進めていけてもなかなか子どもの追究心に火を付けることができない。47都道府県での自県の位置，自県の地形や交通，土地利用のようす，自然環境や伝統文化をいかした特産品，県外や海外と結び付きを強めている自県などを並列的に扱いがちになる。子どもにとって自県が愛着のもてる県になり，自県が他県や外国と関わりながら持続的発展に努めている様子を扱いたい。山内先生の実践はそういったこの単元の弱点を克服し，子どもにとって問題解決的な学びが実現できるようにと，新たに観光の視点を組み込んで指導計画が立案された。

●観光の視点で「じぶんごと」に引き寄せる

　観光は受け入れ側に立つと，鏡となって自県の姿を映し出す。「どうして沖縄県にたくさんの観光客がやってくるのだろうか」という問いは，極めて問題解決的なテーマである。沖縄県は，国内観光地では総合第1位の人気を誇る観光立県である。しかし，沖縄に住む子どもにとっては自県のよさがそれほど理解されているわけではない。「東京が第1位ではないか」「京都も有名だ」との認識が強い。ここに問いを生み出す「ずれ」がある。この認識の違いをたくみに活用し，しかも伝統工芸品で有名な琉球絣をもっと観光客に知ってもらいたいとする願いにまで流れを創り上げている。

　全国の伝統工芸品は地味で，実用的ではないととらえられがちで，せっかくのその価値が若い世代には伝えられていない傾向にある。確かに高価な製品も多く，ますます子どもには遠い存在になっている。かつては観光土産の一つでもあった絣ではあるが，今日では全くと言っていいほど，販売が伸びていない。まさに高値の花になってしまっている。

●「伝統工芸品はなくなってしまってもいいよね。」の問いかけ

　子どもにとって，県内の伝統工芸品は興味関心を引き付ける対象ではなく

なりつつある。しかし，本実践でもみられたように，大城さんという絣工房の方からの説明や，機織り体験を通してその価値に気づかせると，子どもたちは大きく変容していく。工程が25もある工芸品づくりは，長年の積み重ねられた技術とそれを受け継ぐ熱意がなくては継承できないことに，次第に子どもたちは気づいていく。やがて，伝統工芸品をなくしてはならないという暗黙知が形成されていくのである。教師は思い切って，「琉球絣は使わないし，売れていないからなくなってもいいよね。」と切り出すことから，子どもたちの暗黙知が刺激されることになる。授業の雰囲気も，一気に「なくなっては困るのでは。」「一度，後継ぎが絶えてしまうと技術も絶える。」などといった危機意識が芽生え始める状況になる。琉球絣をこれまで購入してこなかった観光客にいかに売り込んだらいいか，県民もあまり買っていないのではないかといった意見も飛び出してきている。「わたしたちの県」の単元で，伝統工芸品を扱う指導の工夫に参考になれば幸いである。

●観光単元への組み換え

　前述したようにこの単元は，内容も多岐にわたるため，解説型の授業になりがちである。自県の地理的知識は重要な知識ではあるが，どうしても地名や地形，交通網，土地利用などを読み取るだけの学習に陥りやすい。保養という目的で何度も沖縄に観光に来ているリピーターの存在に気づき，不思議がる子どもたちが，自県の魅力を詳しく知りたいと願うためには，自県にどうして何度も観光で訪問するのか，を問いとしてもつようになることである。さらに観光客の目的やニーズに関心をもち，どうしたらもっと自県のよさを観光客にPRできるだろうか，という観光の楽しみ方を考え合うというスタンスで臨めば，主体的な学びに変わってくるだろう。自県をPRする観光パンフレットを作成させたり，自県の新たなよさに気づいてもらう観光プログラムを作らせたりすることでも思わぬ学習効果がもたらされるだろう。社会科の学習に，もっと観光を正面から導入する必要性がある。

（寺本　潔）

4年生　火事からくらしを守る

1　伝え合う力を育む

　社会科の授業においては，情報を伝え合うことを通して授業が展開される。子どもが資料から読み取ったことを表現する。また，友だちが表現した内容を受け止め，深める。授業は，このような情報のやり取りによって，進んでゆく。情報を伝え合うためには，まず伝えるもとになる知識を獲得する必要がある。

　小学校第3・4学年社会の「火事からくらしを守る」の単元では，消防署を見学する前提として，大きな火事が起きた時にどのように協力して消火にあたるかを考えた。

　伝え合う第一歩として，自分が気づいたこと，分かったことをしっかり表現することが大事である。そして次に，友だちが表現したことを受け止め，自分なりに付け足しをしていく。言い換えれば，発言をつなげていくことである。この繰り返しによって，授業が広がり深まると考えられる。この学習では，地図を活用し，読み取り，それを表現することを大切にした。そして話し合いの中で，友だちが読み取ったことに付け足し，つなげることができるように心がけた。

2　単元のデザイン

　小学校学習指導要領（2008年告示）では，次のように示している。
「地域社会における災害及び事故の防止について，次のことを見学，調査したり資料を活用したりして調べ，人々の安全を守るための関係機関の働きとそこに従事している人々や地域の人々の工夫や努力を考えるようにする。
　ア　関係機関は地域の人々と協力して，災害や事故の防止に努めていること。
　イ　関係の諸機関が相互に連携して，緊急に対処する体制をとっているこ

と。」

　単元「火事からくらしを守る」は，第3・4学年のいずれかで学習するように位置付けられる。ここでは，本実践の単元の目標を「火事を防止するための工夫や努力について見学・調査したり，資料を活用したりして調べ，火事を防ぐために関係の諸機関が連携し，地域の人々と協力していることを理解することができる。」と設定した。この単元では，消防署や地域の人々の火事からくらしを守るための様々な工夫や努力を追究することと，関係の諸機関の連携を理解することを目標としたのである。

　単元は，全体を11時間扱いとし，消防署を見学する活動を位置付けた。単元の導入では，火事の写真と火事の現場の絵を見て，火事が起きた時に様々な人々が活動していることをとらえ，火事を防ぐためにどのような取り組みがなされているか考えながら，学習問題を設定した。単元の展開においては，消防署の見学も取り入れている。市内に1箇所ある消防署には，学校から徒歩で見学に行くことができる。見学に出かける前に見学に向けての課題を設定し，見学への関心・意欲を高めるようにした。単元のまとめでは，単元を通して調べたことを新聞にまとめ，表現した。

◎単元の計画

※表中の丸数字は，配当時間を示す。

過程	学習活動・内容	資料等
つかむ	1．火事による被害の様子について調べ，学習問題を作る。①	火事の写真 火事現場のイラスト
調べる	2．校内の消防施設や設備について調べる。① 　消防水利，消火栓など 3．消防署について調べる計画を立てる。② はてな？「火事が大きくなったらどうやって消すのか。」 「2箇所いっきに火事になったら，どうするのか。」 「どうして電話があるとすぐ火事の場所に行けるのか。」	市の地図 消防署見学カード

	4．消防署を見学し，そこで働く人の工夫や努力の様子，関連機関の協力について調べる。③ 5．地域の消防施設について調べる。① 6．火事を防止するための地域の人々の協力について調べる。①	
まとめる	7．火事から人々を守る仕事について，調べたことを新聞にまとめ，表現する。②	画用紙

単元の展開の中では，校内にある消防水利の標識の写真を提示し，この標識がどこにあるか質問した。子どもの反応では，どこだかよく分からないという意見が多かった。そこで次に，消防水利の標識とその周辺が写っている写真を示した。これを見ると，標識がフェンスに付けられていることが分かる。子どもは，フェンスが学校のプールの周りを囲んでいるフェンスだと気づく。「プールの周りの塀のところに，消防水利の標識がある。」という意見が出された。そこで，どうしてプールの近くに消防水利の表示があるのかたずねると，「火事の時に，プールの水を，火を消すために使うからです。」という発言があった。このような学習を通して，火事が起きた時に備えて，学校にも火事からくらしを守るための施設があることを理解できた。

さらに，校舎内にある火事からくらしを守るための施設について取り上げた。教室の近くの廊下には消火栓がある。普段は「消火栓」と漢字の表示が

フェンスにつけられた消防水利の標識

消火栓の見学

ある赤い扉が閉じられ，中を見ることはできない。「この中にいったい何が入っているのだろうか。」と子どもにたずねてみた。子どもからは，「火事を消す道具だ。」という返事が返って来たが，具体的に何があるかよく分からない。子どもが見ている前で消火栓の扉を開け，中を見てみると，折りたたまれたホースがあることが分かった。ホースの先には，金属製のノズルが付けられていて，水を遠くへ飛ばすことができるように工夫されている。また，水の量を調節するバルブがあった。教室のすぐ近くにも，このような火事からくらしを守るための施設があることが分かった。消火栓を見学して，分かったことは，見学カードに記録し，まとめた。子どもが記録したカードには次のような記述が見られた。

| 「ホースは布せいで，びちょびちょにならないのかと思ったけど，水の通るところはビニールせいでした。しょう火せんにはたくさんの工夫がされています。わたしは，中身を知らなかったのでびっくりしました。」 | 「赤い扉の中には，長い白いホースが入っていました。とても長かったので，遠い所で火事があっても届きそうでした。ホースは布で，たたんで入っていました。見たときにあんなに長いホースが学校にあったんだと思いました。」 |

子どもは，まず折りたたんであるホースに注目する。布でできた白く長いホースが，折りたたんである様子を観察する。そして，消火栓から離れた場所で火事があっても消すことができるように，長いホースが収納されているのだと考えることができた。また，非常用のボタンがあって，押すと警報の非常ベルがなること，同じような消火栓が校内の色々な所にあることもとらえることができた。

3 消防署見学のバージョンアップ

消防署の見学をより魅力的にするために，見学の課題を設定する授業を実施した。授業の導入で消防署の建物の写真を提示し，建物の名前を知らせずに，何に使う建物か質問した。

子どもから「きっと，消防署だ。」という発言があった。消防署の近くを通っ

たことがある子どもがいて，その建物が消
防署だと知っていた。そこで，「この消防
署の中には，何があるかな。」とたずねた。
子どもからは，消防車があるという発言が
あった。このほか，救急車，電話，消防士
さんがいる部屋などがあるという意見が出された。

地区ごとの火事の分布

次に，市内における火事の分布の地図を見せ，そこから分かることを聞い
た。この分布図を示すことにより，市の中における子どもが通う小学校と消
防署の位置が分かる。また，分布図には，「調布市」「多摩市」など市に隣接
する市の名称と位置を示し，自分たちの市の隣にどのような市があるか，関
心をもつことができるようにした。子どもから次のような発言があった。

授業記録1

> T：地図は地区ごとの火事の起きた件数を示しています。この地図から何が分
> 　　かりますか。
> C：矢野口地区が火事が一番多いことが分かります。
> C：平尾地区や百村地区は，火事が少ない。
> C：付け足しで，向陽台地区は火事が1件もありません。
> C：火事のシールが1個だけなのは，坂浜地区，長峰地区，若葉台地区，東長
> 　　沼地区，押立地区です。
> C：学校より遠い所に火事が起きています。
> T：なるほど。これまでの人たちは火事が多い少ないという数を読み取ってい
> 　　ましたが，今の意見は，学校から近くに多いか，遠くに多いかを考えてく
> 　　れました。よく考えました。
> C：学校の近くでは，押立地区で火事が起きている。
> C：東長沼や矢野口など，駅の近くで火事が起きている。
> T：確かに駅のある矢野口では，火事がたくさん起きています。駅があること
> 　　と火事と関係があるのでしょうか。ほかに意見はありますか。
> C：地図記号を見ると，ここに消防署があることが分かります。　　　（後略）

市内の地区ごとの火事の発生件数の分布図を見ると，多い地区と少ない地区があることが分かる。学校がある大丸地区は，2件の火事が起きている。次に，地域の協力に気づくために，分布図をもとにして，次のように展開した。地図上に火事のマークを貼り付け，もし火事が起きたとして，稲城市内の消防車だけでは消すことができなかったら，どうすると思うか質問した。子どもの視点を，地域の連携に向かわせるために，このような発問を投げかけた。

授業記録2

> T：矢野口地区で，火事が起きたとしたら，稲城市の消防署から消防車が駆けつけます。もし，消防車が1台来ても，2台来ても，3台来ても，全部の消防車が来ても，火事が消えなかったら，どうすると思いますか。
> C：消防団に手伝ってもらって消します。
> C：消防水利を探して，消防水利の水で消すと思います。
> C：違う地域の消防署に連絡すると思います。
> C：付け足しで，多摩市や川崎市の消防署に連絡すると思います。
> C：消火器を使って消すようにします。
> T：ちがう地域の消防署に連絡するという意見が出ましたが，そこで断られることは，ないのですか。
> C：それは，ないと思います。
> C：そのとき，いっぱい出動の要請があれば，だめだけど，そうでなければ大丈夫と思います。
> C：消防の人は，火事を消すのが仕事だから，だめだとは言わないと思います。

　まず，消防団と協力するという意見が出された。市内には8団体の消防団が組織されている。学校がある地区には第三分団があり，地域の方々が火事に備えている。消防団との協力は，身近で気づきやすい。次に，子どもは，市の地図を見ながら，市内の1箇所の消防署では消すことができないような大きな火災の時は，隣接する多摩市や川崎市に連絡して消防車に来てもらうに違いないと予想を立てた。

　子どもたちは火災が起き，110番に通報すると消防車が来ることは知っている。さらに，地図を活用し，大規模な火災の場合に，どのようにしたら

良いかを考えることを通して，隣の市に知らせ，応援を求めるはずだということに気づいた。

この後，授業では，見学の課題を作るために疑問を出し合った。子どもの疑問は，多岐にわたるが，「消防自動車が何台あるか。」「消防車の中はどうなっているか。」など，消防自動車についての疑問を出した子どもが一番多く，6人いた。このほかに「大きい火事が起きたり，2箇所で火事が起きたりしたらどうするか。」という疑問や「消防署の中の施設はどうなっているか。」，「どうして消防車がすぐに火事の現場に来ることができるのか。」などの疑問が出された。

4 いよいよ，消防署の見学に出発！

子どもから出された疑問を解決するために，消防署の見学に出かけた。見学では，消防署の施設を見学し，消防士さんから説明を聞いた。

消防署内には，宿直担当の消防士さんが泊まる部屋があること，夜でもすぐに出動できるように消防服が用意さ

消防車のひみつを発見

れていること，消防士さんのために食堂や食事を作る厨房があることなどを説明してもらった。また，訓練をするためのトレーニング室があること，などを見学して確かめた。

A児は，見学の前に「火事が2箇所以上で起きたらどうするか？」という疑問をもった。消防署の見学では，消防士さんに「2箇所で大きな火事が，起きたらどうしますか。」と質問した。消防士さんからは，「稲城市の消防署と近隣の市の消防署は，『消防相互応援協定』を結んでいて，応援に来たり，応援に行ったりする約束になっています。」という説明を聞いた。A児は，稲城市内の消防署だけでは，消すことができないときに，協力するための協

定があることが分かり，疑問を解決することができ納得した。

5 新聞づくりにトライ

　単元のまとめとして，新聞づくりに取り組んだ。新聞でB児は，見学で分かったことをまとめた。消防服について，イラストを描き，「じょうぶでやぶれにくいせんいで，できています。1200度の火に10びょう間ふれてもだいじょうぶです。水がかかっても，はじいて，しみこみません。」と防火と防水に優れた性能について，くわしい説明を付けている。また，「消防服は，仮眠室にも置いてある」とも説明している。火事が起きて通報があったときにすぐに出動できるように工夫してあることが，記述されている。また，消防服が非常に重く，それを着ていても速やかに消火活動ができるように，日頃からトレーニングをしていることにもふれている。消防士さんの，火事の現場に早く駆けつけるための工夫について具体的にとらえることができた。

消防服のイラストと説明

　またC児は，「消防署には，いろんな車がありました。はしご車は，火事がビルの上で起こったときに使われます。はしごは35メートルくらいあるそうです。消防のホースは20メートルです。ホースはかたかったです。消

防車には，人を助けるための道具や何かを持ち上げるための道具が入っています。消防車は7台あります。水やあわを出す車やポンプ車などいろいろな種類がありました。」と記述している。消防車の観察を通して分かった具体的な様子を説明している。また，消防署の中には，消防車にガソリンを入れる小さなガソリンスタンドがありましたと述べている。

　また，この児童は新聞に，「いざというときに，とまれるように食りょうをおいておくところがありました。大きいカレーのもとやマヨネーズがあり，ソースもりょうが多かったです。見たこともないくらいの大きさでした。」と説明している。消防署の中に食事を作る厨房があり，食事の材料も蓄えられていることに驚き，新聞に記録した。火事が起きたときに対応できるように，仮眠室があるだけではなく，そのほかにも施設があることが理解できた。

6　伝えること，たずねること

　この単元で，取り上げる内容の一つは消防や地域の人々，および施設の工夫であり，もう一つは，関係機関の連携である。「火事からくらしを守る」の学習の過程で，子どもに家から学校へ来る途中に火事からくらしを守るための施設があるかどうかたずねてみた。「ぼくのうちから学校までにはないと思うよ。」とD児が答えた。そこで，「もしかしたら，何かあるかもしれないから，学校の行き帰りに見てみよう。」と投げかけた。しばらくして，D児が，「家から学校までに7個も見つけたよ。」と知らせてくれた。路上にある消火栓，その消火栓のある場所を知らせる標識，消防水利を示す標識などを発見した。地域の中で，日常的に目にしていながら見えない事象が存在する。授業を通して眼差しを深化させ，これらに気づくことが重要である。授業を通して子どもは，様々な消防施設に注目するようになった。消防水利や消火栓の位置をとらえ，施設の役割や機能が分かった。さらに，具体的な工夫を追究することにより，火事からくらしを守るという視点で学校や地域を見直し，眼差しを深化させ，事象を正確にとらえることができた。

授業では，子ども同士の伝え合いが重要である。それと同時に地域に出かけた時には，地域の人に自分が知りたいこと，調べたいことを伝え，地域の人から説明を伝えてもらうことも大切である。

　「関係諸機関が相互に連携する」ことをとらえるために，手がかりとして地図を活用した。市を中心に隣接する市が描かれた地図をもとに，「もし大きな火事が起きたら…。」という場面を想定してみると，子どもは周辺の市と協力しているはずだと予想を立てた。消防署の見学で，自分たちが知りたいことを質問して伝えた。消防署の方は，隣接する市と連携しているという事実をわかりやすく伝えてくれた。子どもは，この内容を受け止め，課題を明らかにすることができた。消防署見学では知りたいことを伝え，必要な知識を伝えてもらうという情報のやり取りを通して，課題を追究する姿勢が見られた。

（吉田和義）

◆吉田先生実践への解説

●校内の消防設備から調べる

　スタンダードな入り方ではあるが，火事による被害の様子について学習課題を明確に設定した後，子どもの身近な対象である校内で消防設備を調べさせている。子どもは案外，防火扉や消火器などを見ているようで見ていない。調べさせてみて，初めて校内にたくさん設備が見つかるので驚くはずである。学習前では，プールにためられている水も防火用水であることさえ気づく子どもも少ない。実践記録を読んでみると「普段は消火栓の漢字の表示がある赤い扉が閉じられ，中を見ることはできない。『この中にいったい何が入っているのだろうか』と子どもにたずねてみた。」とあることから，校内探検の気分を醸し出すことに成功している。伝え合う場面は，こうした身近な対象から発見の期待を抱かせつつ入ると効果的であろう。

●消防署の見学と火事の地図

　何といっても消防署は子どもたちに人気がある。吉田先生は，建物の名前を知らせずに何に使う建物か質問したとある。これも関心を集める手法であろう。その後，消防署の内部にある部署の働きに加え，火事の分布図の読取りが発言を誘発している。地図に示された事実から，自然と問いが生まれてくる。地図は，分布している事象と事象との関連性を思考させるように問いを可視化できるメリットがある。地図を見て，市内の消防車だけでは消せないような大火事の場合に，周囲の消防署とどのような協力体制がとられているかと問いかけることで消防署間の協力に気づかせたいとねらっている。

　ところが，筆者の予想に反し，授業では消防署間の連携にいかないで，まず消防団と協力するという意見が出されたようだ。おそらく発言した子どもにとって，消防団の方が身近な存在であったかもしれない。このように社会科授業では，子どもの生活体験や既習知識から発言が出てくることから，教材研究を重ね子どもの既習知識の保有状況を把握しておきたいものである。

●消火栓を探す子ども

　中学年の社会科授業は，授業と授業との間でどれだけ子どもを動かすことができたか，が問われなくてはならない。D児が，家から学校までの通学路で7個も消火栓を見つけたのは，授業によって消防の設備に強い関心を抱いたからにほかならない。これも，「ぼくのうちから学校までにはないと思うよ。」とD児自身が以前に答えていることから，いかに子どもは通学路でさえ見ていないことが判明する。自分たちの命を守ってくれる社会的な事物が身近に存在することこそ，もっと驚きの目で発見させなくてはならない。

●新聞づくりの利点

　吉田先生は事実認識を大事にする教師である。まとめで取り組ませた新聞づくりでは，消防服についてイラスト入りで解説していることから，消防服が単に消防士の火傷を防ぐためにあるのでなく，水がかかっても体が濡れないことに気づかせている。消防士の装備は火災を消すという仕事に目的があるのでなく，火の中に入って人命を救助することに第一義の目的がある。消防士が怪我や火傷をしていては，人命が救えない事実を子どもに気づいてほしい。命をかけて人を救助する消防の仕事の価値に近づくことができる。

●公共の仕事で「伝え合う力」を培う

　中学年の社会科単元は，飲料水の確保やゴミ処理，警察や消防の仕事を学ぶ。これらは，地方自治体が主に担当する公共の仕事である。公共という概念は小学生には難しいが，「みんなのために働くこと」「地域の人たちが安全で気持ちよく生活できるように支える仕事」「社会の一員として協力し合っていくこと」を理解させる上で重要な単元と言える。これらは社会機能といって，社会生活をおくる上でなくてはならないしくみでもある。社会の一員としての自分や他者の役割を認識させる上で，「伝え合う力」の育成にはもってこいの単元である。公共サービスは子どもでも恩恵を受けており，「じぶんごと」に引き寄せやすい。この単元では，緊急，人命，安心安全などの基本的な価値を伝え合うよい機会になる。

（寺本　潔）

5年生 「伝え合う」ことを通して、社会的事象を"自分ごと"として考える

1 単元名（5年）「わたしたちのくらしと情報」
小単元名「情報ネットワークを防災に生かす」

2 情報ネットワークの学習について

本小単元「情報ネットワークを防災に生かす」の学習は、現行の指導要領から導入された学習で、様々な教科書においても、十分に問題解決型の学習の形に沿って記述されているものが少なかった。また、学習指導要領解説社会編においては、情報ネットワークの学習は、教育、福祉、医療、防災などの中から選択して取り上げることとなっているが、並列的に記述されている例もあった。そのため、社会科を専門としない教員が指導する時には、教科書通りに教えると、情報ネットワークはどんな仕組みなのか、どんなはたらきがあるのかといった知識を詰め込んでしまう学習になってしまうおそれがあった。社会科学習の原点である"人を通して学ぶこと"を改めて大切にして、子どもたちの追究しようとする目を育てたいと考えた。

今回、子どもたちも経験している東日本大震災の事例を軸にして、防災における情報ネットワークの進展について、問題解決的に学習を進めることにした。学習する過程で伝え合う活動を生かし、"自分ごと"として情報ネットワークの利便性をとらえられるようにしたいと考える。

3 情報ネットワークの学習において、「伝え合う力」を育てるポイント

本実践を行うにあたって、実践のポイントとして考えたことを3点あげる。
①調べる段階においては、教師が取材し作成した資料や、見学・体験的な活動を通して、学習対象への関心を高め、自分の思いや考えを具体的にもてるようにする。

②情報ネットワークをネットワーク図という形で表し，視覚化する。
③学習を深めるために，シミュレーション的な活動を行い，自分は，どのような場面で情報ネットワークが活用できるのかを具体的に考えられるようにする。

　①について，教材研究をしてみると，情報ネットワークという学習の対象が，今も発展し続けているため，大人でも十分に知らないことが多く，非常に複雑なものであるという印象を受けた。授業化するにあたっては，見学や出張授業という形で，ゲストティチャーから具体的に話を聞いたり，体験的な活動を取り入れたりすることで，情報ネットワークがどのようなものであるかが明らかになり，自分の思いをもてると考えた。そして，実感や共感のある学習であるからこそ，自分の思いや考えを互いに伝え合いたくなると考える。

　②については，情報ネットワークが，コンピューター上で行われる情報のやり取りであるために，子どもたちにとっては，どのような情報が，どのような媒体を通して，どんな機関や人々が情報を発信したり，受信したりしているのかが分かりづらい。そのため，図式化することで，視覚的に調べたことが明確になる。「伝え合う」場面においても，図を根拠にすることで，自信をもって自分の考えを表現することができるのではないかと考える。

　③については，授業で扱う内容を精選していく中で，情報ネットワークが国民生活の向上に大きな影響を及ぼしていくことを理解するために，指導計画の「つかむ」「調べる」「まとめる」の後に「ふかめる」段階を設定した。学習したことを生かして，自分が災害にあった場面で，自分なら，困った事態が起きたときにどのように情報ネットワークを生かすと良いかを考え，自分の意見を伝え合う学習を構想した。学習内容が複雑で，情報量が多い分，それを整理し，具体的に活用の仕方を改めて考えることで，「自分だったら，情報ネットワークをこんなふうに活用できる」という利便性に焦点を当てた話し合いができると考える。

4 単元目標

　防災における情報ネットワークの活用について調べ，ネットワーク図をまとめることを通して，情報化の進展が私たちの生活に大きな影響を及ぼしていることについて考えることができる。

〈学習の経過〉

ねらい	学習活動・子どもの姿	教師の支援・資料
①過去の大地震における被災者の様子から，災害時の情報の必要性について関心をもつ。	①過去の震災の被害状況や，被災地の教師の体験談から，自分たちが災害に遭ったら，どのような情報が必要になるのかを考えさせた。阪神淡路大震災の映像をみた子どもたちは，「東京に大きな地震がきたらテレビ映像みたいに家が崩れたり，火事が起きたりしてしまったら，こわい。」と話したり，「電話の前に並んでいる行列を見て，家族の安否や被害の情報が手に入らないと困るんだ。」と感じたりした。東日本大震災の津波から避難できた事例からは，少ない大切な情報を伝えることが，多くの人々の命を救うことにつながることを話し合って，共通理解した。	①視聴覚資料によるイメージ化 ②岩手県の教師の話（文章資料）をもとに根拠をもたせる。
②阪神淡路大震災と東日本大震災の二つの時期の携帯電話やインターネットの普及率の推移を読み取り，社会の変化や情報をやり取りするネットワークの存在に気づき，学習問題を立てる。	②阪神淡路大震災当時と東日本大震災当時の情報を獲得する手段の違いに気づかせるために，携帯電話の加入率やインターネットの普及率を示すグラフを読み取り，そこから分かることを話し合った。「阪神淡路大震災の後に，携帯電話もインターネットも普及しているということは，その前は，人々は情報を得ることに苦労したのではないか。」や「前の時間には，携帯電話を使って，情報を得ることができたから，人々に災害を知らせる仕組みが他にもあるのではないか。」という意見が出てきた。学習問題を立てた後に，どのようなネッ	③個人→ペア，全体の順で話し合い

第2章　伝え合う力が育つ社会科授業実践

	トワークが存在するのかを予想し、学習計画を検討した。	
私たちは、大地震が起こった時に、どのように情報ネットワークを活用できるのか。		
③④区の防災課を見学し、区の防災ネットワークの仕組みや働く人の努力や工夫を調べる。	③④自分たちの身近な地域では、大地震が起きた時にどのように情報が伝わるのかを調べることにした。大田区防災課の方から、区民安全・安心メールサービスやデジタル防災無線等の活用によって、各関係機関と連携をとりながら、「より早く、より正確に、より多くの人に」情報を伝えようと努力していること知った。それによって、「実際にどの手段が使えるか分からないから、様々な手段で区民に伝えようと努力している。」「情報ネットワークは、災害時にできるだけ使えるように、改善されているんだ。」ということにゲストティーチャーの思いから気づいた。	④⑤区の防災課の方の話 ネットワーク図の整理  （大田区防災課）
⑤災害用伝言板を実際に利用して、その便利性について考える。	⑤次に、子どもたちからは学習計画を作った際に、家族の安否を知りたくなるという意見が多く出ていた。そこで、NTTの災害用伝言板を体験利用した。事前に家庭には通知文を出し、家族1名の携帯電話のメールアドレスを教えてもらい、（利用後は破棄。）子どもたちが登録から書き込みまでを行った。実際に使ってみると、ローマ字打ちが苦手で苦労したり、メールアドレスの登録段階でミスがあって家族に伝わってなかったりした子どももいた。きちんと伝えられた子どもは、後日、「日頃から使い方を確認しないと、いざというときに使えない。」「家族と普段から話し合って備える必要がある。」という感想を出していた。	

⑥ソーシャル・ネットワーキング・サービスが，東日本大震災が発生した時に活用された事例を調べる。	⑥次に，公的な機関ではないが，公共性の高いものとして，ソーシャル・ネットワーキング・サービスの活用について調べた。事例は，東日本大震災発生時に，イギリス在住の男性が，気仙沼市に住む母親の状況を知り，助けを求めるツイートをしたところ，当時の東京都副知事に伝わり，東京消防庁が出動し，400人あまりを救出することに成功したというものだ。子どもたちの間では，「ツイッターの良さは，多くの人とリアルタイムでつながることだ。だから，震災の時も，瞬間的に情報が伝わる。」「自分も，将来上手く活用できれば，人の命を救うことができるかもしれない。」といった意見が出された。	⑥ツイッターの機能や，活用された事例（文章資料や写真資料）ネットワーク図の整理。
⑦災害における情報ネットワークが作られることによって，私たちの生活にどのように役立っているかを考える。	⑦第3時から第6時の「調べる」過程で，分かったことを整理してきたネットワーク図から，それぞれの情報ネットワークが災害時に有効な点をまとめた。その後，「情報ネットワークの進展によって，私たちの生活がどのように変わったのか。」という発問を受けて，「公共機関が発信する正確な情報を受け取りやすくなった。」「家族の安否を連絡が取りづらい状況でも互いに分かるようになってきた。」「SNSの発展によって，瞬間的に大量の情報を得られるようになった。」といった国民生活が	⑦ネットワーク図を根拠に話し合いをさせる。個人→小グループ→全体の順で。

第２章　伝え合う力が育つ社会科授業実践

向上している点について，意見を出していた。

⑧実際に大地震が起こったことを想定して，自分たちはどのように情報ネットワークを活用して，自分の身を守るのかを考える。	⑧東京都内で大地震が起きた際に，自分の身を守るために，どのように情報ネットワークを活用すれば良いかを考えた。子どもたちは，どのようなことで困るのか，どの情報ネットワークを活用するのか，どんな情報を調べたり，発信したりするのかについて，意見を出し合った。	⑧話し合いのために，付箋紙に自分の考えを書き出す。小グループで意見を検討し合う。全体で意見を共有し合う。

5　実践の分析「人の姿が見える学習」

　防災における情報ネットワークの学習を構想するために，冒頭でも述べたように，本実践では「人の姿が描きやすい事例」を教材化することに重点を置いた。情報ネットワークは，コンピューター上の双方向のやりとりであるが，それを構築するのも，上手に活用するも「人」であるからだ。第１時では，宮城県の小学校教師から，実際に現地を訪ねて伺った話を文章資料にして読み取らせた。地震直後，大津波警報が出ていたが，防災無線が機能せず，住民の一人が携帯電話のワンセグ放送から大津波警報が出ていることを小学校の教員に伝え，体育館から急遽，上の階に避難するように住民に指示して寸前のところで難を逃れたというものだ。実際に体験した人の話は，文章資

料であっても，子どもたちにとってリアルなイメージを描きやすく，携帯電話をもっていなかったら，津波が来ることを考えることができなかったのではないかという，情報の貴重さに関心をもつことができた。

　また，第3～4時では，実際に大田区役所の防災課に行って，見学・聞き取り調査を行った。防災無線で学校につなぎ，校長先生と話したり，たくさんのモニターがある場所が災害対策本部になったり，東京都ともテレビ電話でつながったりしていることが，具体的かつ効果的に学習することができた。東日本大震災の教訓から，新しい試みが試されたり，改善されたりしていることも，仕事に携わっている方から直接聞けたことは一層追究の意欲を高められたと考える。

6　実践の分析「ネットワーク図の活用」

　情報ネットワークという目には見えない学習対象をより理解し，小単元の終わりで学習したことを生かして話し合いができるように，「ネットワーク図」を作成して，どのように情報がやり取りされているのかを視覚的に整理した。

　関係図や関連図と呼び，子どもが一から描いて，それぞれの関係性を考えさせる方法もあるが，今回は，こちらで図式化したものを提示して，どのような情報がどこへ伝わるのかを書き込んだり，矢印の方向が指している意味を考

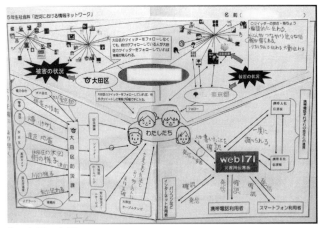

ネットワーク図

えさせたりすることで，学習した三つのネットワークの特徴を考えやすくすることをねらった。

　図式化することで，情報量が多い内容をすっきり理解することに役立った。また，第7時で改めてネットワーク図を見直すことで，防災における情報ネットワークの向上が，災害時に自分たちの身を守る大切な手段になるという点でとても大切なものであることに気づくことができた。

7 実践の分析「情報ネットワークの進展を"自分ごと"として考える」

　第8時では，防災における情報ネットワークを，地震が発生した時に自分はどんなことに活用できるのか，ということをシミュレーション的に考えることで，様々なことに活用できる可能性について，今後も関心を持ち続ける態度を養いたいと考えた。

　東京湾沖で大地震が発生し，一人で避難所である小学校に避難してきたという状況下で，「情報ネットワークを活用して，72時間を無事に生きぬくためにできることを考えよう」という学習課題を提示した。72時間とは，人命救助の壁とよく言われる時間で，地震直後は公共機関の援助も十分にいきわたらない状況と考えられる。情報ネットワークを活用して，自分の身を守る方法を考えるという場面設定をした。

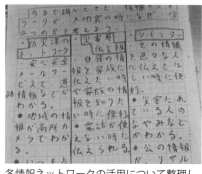
各情報ネットワークの活用について整理したノート

付箋紙に考えを書いて伝え合う

まず，子どもたちには，地震が起きて困ること，どの情報ネットワークを活用するのか，どんな情報を送ったり調べたりするのかを一人で付箋紙に考えたことを書き出させ，その後グループで考えたことを話し合わせた。違う方法で同じ行動を考えた場合は，どちらが有効かということも考えるようにした。

　子どもたちは，安心・安全メールや区役所のホームページで地域の被害状況や震度，津波警報が出ているかを調べたり，災害用伝言板で自分のいる場所を教えたりすることや，ツイッターでは，救援物資を届けてもらえるようにお願いしたり，災害用伝言板が機能しなかったらツイッターで呼びかけたりすることを考えた。そして，グループで話し合ったことを発表し，情報の共有化を図った。

8　本実践の成果と課題

　成果としては，子どもたちは追究する意欲を高めながら，学習したことを生かしながら，最後の第8時で「自分だったら，こういうふうに行動する」と活用の仕方を検討することできたことである。小学生の時点では，携帯電話やスマートフォンをもっている子どもは多くはないし，インターネットを充分に使った経験もそれほど豊富ではない中で，情報ネットワークの発展や向上について，"自分ごと"として考えることは容易ではない。それを踏まえた上で，既習の知識を活用して，自分なりに表現していき，友だちと意見を伝え合った経験は，近い将来，情報ネットワークの使い手となった時に，改めて高い関心をもって向き合えるきっかけになるのではないかと考える。

　また，学習後の感想の中で，「実際には，地震直後にどの情報ネットワークが使えるかは分からない。だから，家族と連絡を取る方法や集合する場所を話し合うことが大切だと思った。」という考えをもった子どももいた。日頃の備えの大切さを，実感的に理解できたことは嬉しい限りである。

　課題としては，まず，情報ネットワークの課題点について，本小単元では

触れなかった点である。誤報やデマの問題，情報リテラシーの部分も現代社会を生きる上では，とても重要な点である。子どもたちにより良い伝え合いや話し合いをさせるのならば，葛藤を生み出すような場面があっても良いかもしれない。ただ，本実践では，情報ネットワークの進展に絞ることで子どもの思考をすっきりさせたかった。今回は，この実践の後，次の小単元でしっかり扱うことにした。

　また，最後の第8時では，自助の点に特化してしまい，共助の視点を示した子どもは少なかった。子どもや高齢者，外国人など情報ネットワークを十分に活用できない人々と，どのように協力して過ごすかという視点で考えさせても良かったのではないかと考えている。　　　　　　　（草彅　堅太郎）

◆草彅先生実践への解説

●情報単元のとらえ方

　草彅先生が冒頭でふれている,「教科書通りに教えると〜（中略）知識を詰め込んでしまう学習になってしまうおそれがあった。」との指摘は鋭いものである。ともすれば，現代社会が網の目のように見えない情報網で覆われている様子を，単に解説して終わる学習になりがちだからである。情報は実物や可視化できるモノが案外少ないため，つかみどころがなく子どもにとっては実感的ではない対象である。情報は送り手の正確さと速さが命である。また，受け手にとっても入手しやすいものでなくてはならず，双方向のやり取りこそ情報の社会的な意義が増すポイントと言える。過去の震災の映像を見る場面で，子どもは電話の前に並んでいる行列を見て，家族の安否や被害の情報が手に入らないと人々は不安になることを理解させている。防災に関わる情報は，社会科で扱うには最も適した要素をもっているので，題材の選択でも草彅先生の実践は成功している。

●情報ネットワークの模擬体験

　区民安全安心メールサービスやデジタル防災無線，災害伝言ダイヤルなど，防災に関係する情報提供の整備は大きく発展している。自治体や気象庁，国土交通省などの公的機関からの情報提供も多種多様であり，単に知ることは容易だが，実際に使ってみることを通して理解を深めるように促している。為すことによって学ぶ社会科の基本をこの実践は採用している。実践がユニークなのは，子どもたちのニーズが高い家族との安否確認である。NTTの災害伝言板を疑似体験するため，家族1名の携帯電話のメールアドレスを教えてもらい，子ども自身が登録から書き込みまで実行した点は面白い。ローマ字入力で苦労したり，登録ミスなど失敗から学ぶよき体験の機会になっている。子どもからの感想には,「日頃から使い方を確認しないと，いざというときに使えない。」「家族と普段から話し合って備える必要がある。」

との報告が記されており，災害への対応・姿勢の在り方とも通じるので汎用的な気づきになっていると言える。

●ネットワーク図の活用

　指導の工夫として注目できるのは，ネットワーク図である。教師が作製し図式化したものを与え，子どもが学びながらその図の中で情報がどのように伝わっていくのかを書き込むスタイルがとられている。社会の情報は複雑であり，子どもに描かせるには困難であることを草彅先生はよく分かっている。「図式化することで，情報量が多い内容をすっきり理解することに役立った。」との記述は，この単元の取り扱いの難しさを同時に示している。

●72時間の制約設定

　後半で試みられた「情報ネットワークを活用して72時間を無事に生き抜くためにできることを考えよう。」という学習課題の設定はリアルである。子どもたちは，目的に応じて利用する情報ネットワークを選んだり，また災害伝言板が機能しなかったらツイッターで呼びかけたりする手順を学んだ。実に実践的である。携帯電話やスマホ，インターネットのアドレスなどを持っている子どもが少ない中，既習の知識を活用して自分なりに思考し，災害に立ち向かおうとする態度の育成にこの実践は役に立つことだろう。情報単元は，リアリティのもてる場面をいかに用意できるか，題材選びと体験的な学びの用意がこの単元の成功の鍵になるようだ。

●情報とくらしの向上

　この単元は，情報によって社会が円滑に働き，ひいてはくらしの向上につながること，情報の操作には一定のマナーやルールが必要であること，情報化社会に前向きに対応できる姿勢を培うことがねらいである。膨大な情報にさらされ，時として情報の操作を一方的に受け，誤認や無理解が生じる危険性もあることを，今後の社会科実践では求められることだろう。今後，社会科だけでなく，家庭科や道徳も合わせた単元を設け，情報化社会に生きて働く力の育成を本格的に考えていく時代になっている。

（寺本　潔）

「伝え合い」を生み出す教材開発と授業づくりの工夫

～ＴＰＰによる関税撤廃後，日本の米農家は今後どうすべきか考え合う～

1 「伝え合う力」が身に付いた子どもの姿とは？

本実践を通して，以下のような子どもを育てていきたいと考えた。

> 自分の考えを一方的に他者に伝えるだけではなく，他者の考えも聞き，それに対して質問や反論を通していくことで，自分の考えを再度見つめ直し，さらによりよい考えにしていこうとする子ども。

このような「伝え合う力」を培うためには，以下の条件が必要不可欠であると考える。
①社会的事象に対する自分の考えを明確にもつ。
②自分の考えの根拠がはっきりと説明できる。
③他者との対話を通して考えの相違を認識し，受けとめることができる。
④他者との対話を通して社会的事象を再吟味し，自らの考えをさらによりよい形に再構築することができる。

まず，①がない限り「伝え合い」はスタートしない。また②の考えの根拠がはっきりしないと，意見表明のみに終始してしまい，社会科における話し合いとして成立しない。さらに，③がなければ，一方的な意見の伝達に終始し，ひとりよがりの学習となる。①②③をベースとし，④を経験させていくことで「伝え合う」学習の意味や価値を子ども自ら見い出し，社会科ならではの学びが深まっていくのではと考える。

2 教材開発の視点
（1）子ども一人ひとりが自分の考えをもてる教材

子どもが自分の考えを，「書きたい」「発表したい」とわくわくしながら学習に取り組むことができる教材こそ，「伝え合い」には必要不可欠となる。

それには、子どもにとってより身近なものであることが大前提である。教師は、常に子どもの『いま』に目を向け、子どもにとってより身近な素材は何か、子どもにとって旬な素材は何か、学習内容と十分に照らし合わせて、常日頃から教材の開発を行わなくてはならない。また、社会的事象に対する考えがある程度決まってくるものを素材として扱ったとしても、「伝え合い」はなかなか広がっていかない。それぞれの立場によって、社会的事象に対する考えが様々ある、そのような社会科として魅力ある側面を授業で折りに触れ、扱っていきたいものである。

（２）実社会をふまえた『いま』が見える教材

　子どもたちが日頃、授業で使っている教科書が、必ずしも『いま』を100％取り上げているとは限らない。つまり、社会科は現在進行形の社会そのものを学習の対象としており、教師が授業を創る上で『いま』に目を向けた教材開発を行っていくことが重要である。『いま』に目を向けることができてこそ、将来の展望を考え、子どもたち同士で語り、伝え合うことができる。何を伝え合うのか、社会科においては実に様々であるが、本実践では社会的事象に対する将来の展望やビジョンを『いま』をふまえ、子どもたちが伝え合い、共に考えていくことを大切にしたい。それがひいては、社会科の教科目標である公民的資質の基礎の育成にもつながるのではと考える。

3　授業づくりの視点

　「伝え合い」が生まれる授業とは、「○○さんはなぜそう考えているのかな。」「○○くんの考えには賛成だけれど、他にこんな理由も考えられるよ。」「○○さんの考えもわかるけれど、でも・・・。」というつぶやきが自然と子どもたちから湧き出てくる授業であると考える。このような授業を創るには、いわゆる『しかけ』が大切である。その『しかけ』を以下の２点から述べていきたい。

(1)「伝え合う」場の設定とルール

できるだけ活発な「伝え合い」を生み出すためには、いわゆる場の工夫が必要である。学習内容や話し合う内容の難易度、子どもの実態等を十分ふまえ、より適切な場を教師が選択していくことが重要となってくる。

【想定される「伝え合う」場】

①2人程度のペアでの「伝え合い」
②3〜4人程度のグループでの「伝え合い」
③学級全体での「伝え合い」

「伝え合い」のルール

○「なぜそう考えたのか」という根拠を大切に、それをしっかり伝える。
○つけたし、反対、それ以外をはっきりさせて発言する。
○社会科では、絶対に正しいという考えはない。
○多数派の考えや意見が必ずしも正しいとは限らない。
○自分と異なる考えや意見を否定しない。その根拠までしっかり聞く。

本実践では、単元計画の中に「伝え合う」場①〜③を適宜位置付け、より活発な「伝え合い」が生まれるよう工夫した。また、「伝え合い」のルールについては、年間を通して継続的に指導をした。当然のことながら、これらのことを身に付けさせるには一朝一夕には難しい。何より大切なことは、これらのことを継続的に積み重ねていくことである。

(2) 考えの可視化

どの子がどんな考えを持っているのか、一目でわかる工夫があると、より活発な「伝え合い」を生み出すことができる。本実践では、子ども一人ひとりのネームプレートを活用した。ネームプレートの効果は、5点考えられる。

・学級内における考えの全体像がつかめる。
・学級全員の子どもが意思表示できる。
・自分の考えを相対化できる。
・考えが変更した場合でも移動が可能。

・貼る位置によって，考えの微妙な違いが示せる（主張の度合いなど）。

4 授業実践
（1）単元について

　日本の米作りを含む農業全体の課題として，従事者数の減少や高齢化，それに伴う耕作放棄地の増大が挙げられる。また，安価な外国産農作物が輸入され，日本の農家経営に大きく影響を及ぼしている。もはや，価格の面で太刀打ちすることは難しい。さらに近年，オーストラリアやアメリカ合衆国等では，日本への輸出を意識し，安全性の高い農作物を生産している。残留農薬等，安全面で不安の残るかつての外国産農作物のイメージは打破されつつある。

　それだけではなく，とりわけ近年，日本は環太平洋パートナーシップ協定（TPP）の参加を表明し，今後に向けた日本の農業を取り巻く環境は一層厳しいものとなりつつある。関税によって，ある意味いくつかの農作物が守られてきた。米もその一つである。現在，重要5品目（米，麦，牛肉・豚肉，乳製品，サトウキビ）の関税撤廃を例外とし，交渉が続けられてきている（平成25年現在）。しかし，ＴＰＰの原則はあくまで関税ゼロである。

　本単元の学習では，庄内平野の豊かな自然条件を生かし，生産農家が工夫や努力を重ね，品種改良によって品質の高い米を作ってきたことを取り上げる。一方で，いくつかの統計資料を通して，従事者の減少と高齢化，米の消費量の減少と生産調整，耕作放棄地の増大等，日本の米農家が置かれている現状を理解していく。さらに，そのような厳しい現状を打開するために，生産農家が取り組んでいる新たな動き（法人化）という流れも，具体的な事例を通してとらえさせていく。米生産農家の『いま』に目を向け，ＴＰＰ発効後による米作りへの影響と今後の歩むべき方向性を考えさせていく。

（2）単元目標
・庄内平野では，米の品質向上のために数々の工夫や努力が行われているこ

とを理解する。
・日本の米作りについて，今後の進むべき方向性について現状をふまえて自分なりに考える。

(3) 指導計画　＜全16時間＞

学習活動	留意点	伝え合い
【日頃食べている米の産地を調べる】＜1＞ ・米の品種が様々ある。 ・東北地方が多く，西日本が少ない。 　（生産量も東北地方が多い。） ・山形県産の米を食べている人が多い。	白地図にまとめ産地の傾向を実感できるようにする。	② ↓ ③
【庄内平野の米作りについて調べ，その工夫について理解する】＜6＞ ・気候を利用した作業　・田の形　・土の改良 ・安全性の高い肥料　・耕地整備　・水の管理 ・ビニルハウス，塩水の活用　・ラジコン農薬散布 ・機械の共同購入・品種改良の取り組み・商品管理 ・株の間隔，深さ・溝掘り，中干し　・アイガモ農法 ・商品管理　・生産者の顔，ネット販売　・営農指導	米作りカレンダーを提示し，一年の作業の流れが具体的にイメージしやすいようにする。	① ↓ ③
【日本の米作りの現状について調べ，課題についてとらえる】＜3＞ ・米の消費量減少と余剰米　・国による生産調整 ・従事者の減少と高齢化　・耕作放棄地の増加	統計資料から読み取れることを関連させ，米作りの現状をつかめるようにする。	③
【T農業開発会社の取り組みについて理解する】＜2＞ ・法人化　・農地および農作業の請負　・共同出資 ・大規模集約化　・販売ルートの確保 ・従事者としての思いや願い	映像資料や生の声を提示し，取り組みが具体的に理解できるようにする。	
【日本の米農家の今後を考える】＜4＞ ・ＴＰＰの仕組み（関税によるメリット，デメリット） ★オーストラリア米と山形県産「はえぬき」との比較。 　（味比べ，安全基準，ＴＰＰ発効後の価格） ★ＴＰＰ発効後における日本の米農家の対応策とは？ ★よりよい対応策は何かを話し合う。	対応策についてはこれまでの学習をふまえ，根拠を明確にさせて発表できるようにする。	③ ③ ③ ②③

（「伝え合い」の丸数字は，P.82の【想定される「伝え合う」場】に対応）

（4）授業の実際　　（★16時間扱いの15,16時）

学習活動	指導の方法（・子どもの主な反応）	伝え合い
●前時までの学習を振り返る。	●ＴＰＰの簡単な仕組みについて振り返り，関税のメリット・デメリットを整理する。 ・関税がないと外国から安い品物が入ってくる反面，日本の品物が外国で売れやすくなる。 ・関税があれば，国内の品物を守ることができる。	③
●食味した米のアンケート結果について知る。	●前時に味比べしたアンケート結果を提示する（39名中）。 | 米の種類 | ふつう | おいしい | |---|---|---| | 米Ａ | 12名 | 16名 | | 米Ｂ | 10名 | 6名 | ・ふつうと感じた人はそんなに変わらないから，米ＡＢとも違和感なく食べられそうだ。 ・米Ａの方が高級なのかもしれない。品種改良のおかげ？ ・どこで栽培された米かな？　山形県産と千葉県産かも？ ・もしかして，米Ｂは外国産なの？	③
●それぞれの米について知り，考えたことを発表する。	●それぞれの米袋を提示し，書かれていることに目を向けさせる。 米Ａ：山形県産「はえぬき」　米Ｂ：オーストラリア産 特別栽培米 農薬50％減 580の安全検査合格 日本の気候とできるだけ近いところで栽培	
	●それぞれの米の5kgの価格を提示し，どちらを買うか考えさせる。 　米Ａ：山形県産「はえぬき」　　1,999円　　　　26名 　米Ｂ：オーストラリア産　　　　1,599円　　　　13名 ●ＴＰＰ発効後の米の価格を提示し，どちらを買うかを考えさせる。 　米Ａ：1,999円　→　1,999円　　　　　　　　　29名 　米Ｂ：1,599円　→　　182円　　　　　　　　　10名	③*
	「伝え合い」の詳細については，授業記録Ⅰを参照	
	●日本の米農家はどうすべきか，キーワードをもとにその対応策を考え，発表させる。	③

●日本の米農家は今後、どうすべきか考える。	今のままでよい ・日本の米の品質は外国に比べ優れているから、今までどおりおいしい米を栽培すれば消費者は買ってくれるはず。 さらに品種改良すべき ・価格では外国産と勝負できない。だから、日本は味で勝負すべきだ。多少高くなっても、よりおいしい米を作るべき。 外国に売り出すべき ・日本の農業技術の高さをブランドとして、おいしい米をもっと外国に売り込むべきだ。関税がない分、より売れる。 さらに安全性を高める ・さらに農薬の量を減らして、外国産より安全なものを売る。	
●いくつかの対応策からよりよいものを考える。	●いくつかの対応策の中から、以下の視点でよりよいものは何か話し合わせる。 ①実現が可能か？現状として難しくないか？ ②効果が本当に期待できるものか？	②③*

「伝え合い」の詳細については、授業記録Ⅱを参照

米A，Bの袋を提示

米Bの産地を地図帳で確認

自分の考えた対応策を記述

対応策について意思決定している場面（ネームプレート）

(5)「伝え合い」の詳細　[授業記録Ⅰ]　〜伝え合い③〜

> T：米Aを買う人？（挙手の数を数える）　米Bを買う人？（挙手の数を数える）
> 　（Cつぶやき　お金の問題？　いや安い方がいい　おいしい方がいい）
> T：なぜAを選んだのか？Aを選んだ理由はどうですか？
> C1：安いからといって買ったとしても，口に合わなかったら捨ててしまう。高い方が安全だと思うから，Aを買います。
> T：Bを買うという人はどうして？
> C2：Bはまずいわけじゃない。値段も少し安いだけだから，安全性も580の検査もしているわけだから，心配はない。
> C3：つけたしで，おいしい方なんて，どうせわからないよ。少しでも安い方がいい。
> T：みんなは実際，食べてみたからわかるからね。買う時はどうかわからないかも。
> C4：(米Aの)農薬50％減といっても50％は使っているわけだから，不安だ。
> T：ここのところは予想だね。
> C5：C4の発言に対して意見です。ある程度，農薬を使わないと育たないということを庄内平野の米作りの時に調べた。できるだけ安全な農薬を使っているから大丈夫。

> T：もしTPPがスタートしたら，それぞれの値段はどうなるか？
> C6：オーストラリア産が安くなる。
> C7：1,300円くらいになるよ。きっと。
> C8：何％の関税がかかってるの？
> T：実は，778％の関税が米にかかっているんだ。実は182円。
> 　（Cつぶやき　えー　安すぎる　信じられない　ありえない）
> T：もしTPPがスタートしたら，この値段でお店に並びます。みんなはどっち買う？米Aを買う人？（挙手の数を数える）
> 　（Cつぶやき　やっぱりおいしい方がいい　どんなに高くても買う）
> T：米Bを買う人？（挙手の数を数える）
> 　（Cつぶやき　安すぎると信用なくす）
> T：どうして米Bを買うの？
> C9：安くても安全検査をしっかりしているから，オーストラリア産の方がいい。
> C10：値段が10分の1だから，いっぱい買える。
> T：米Aを買う人はどうして？
> C11：こんなに安いとかえって心配だから，日本産を買う。
> C12：普段食べているお米の方が慣れている。日本産の方がやっぱり安全だと感じる。
> C13：つけたしで，日本産の方がいろいろと日本人にはやっぱりあっている。

（6）「伝え合い」の詳細　［授業記録Ⅱ］　～伝え合い②～

> **それぞれが個人で考えた対応策**
> A児　さらにおいしくするために，品種改良すべきだ。
> B児　今のままでよい。
> C児　少しでも値段を下げるべきだ。
> D児　外国に売り出すべきだ。

T：グループで自分の考えた対応策について話し合ってください。まず最初は，一人ずつ自分の考えとどうしてそう考えたのかというわけも入れて話してください。その後，グループ内で質問や反論などのやりとりをして，よりよいと思われる対応策を一つ決めてください。

A：私は日本の米はおいしいということを前面に出して，外国産と勝負すべきだと思う。だから，今よりももっとおいしくするために，品種改良をどんどんやるべきだ。

B：Aさんとちょっと似ていて，もうすでに日本はおいしい米を作れているんだから，外国は追いつかないと思う。日本人の味覚は，日本人がよくわかっているから。

C：ぼくは2人と違っていて，日本の米農家も少しでも安くする努力をしたほうがいい。関税撤廃後の価格差はひどすぎる。外国は追いつかないといっているけど，そんなことはないよ。

D：やっぱりTPPは，ある意味外国に売り出すチャンスだと思う。ある程度高くても，関税はないわけだから，今よりも安く売り出せる。外国の人に日本のおいしいお米を売り出せば，何も日本国内だけで売るよりも農家はもうかるよ。

質問・反論

C：Bに質問。今のままでいいというけれど，農家も危機感を持って何かやらないとダメだと思う。
　外国は日本に追いつかないと言っていたけど，そんなことはないと思う。オーストラリアだって，日本に売り出すために，安全検査をたくさんやっているから。外国の農家も努力して，おいしい米を作ろうとしているし。

A：そうだよね。日本の農家も努力を続けないと。

B：確かにそうだけど，買う人は日本で作った米の方をみんな買うって。心配しすぎじゃない？

C：Dはどう思う？

D：Bの言うこともわかるけど…。少なくとも安い外国のお米が入ってくればそっちを買う人もいるわけで…。まあ，今より日本の米は売れなくなってしまうのは確かかも。

B：そりゃそうだな…。やっぱり日本の米農家も何かしないとダメか。でもさ，安くするってどうやって安くするの？
A：そうそう。私も気になった。難しくない？生産調整とかで何とか高い値段でやっているのに。
C：ほら，前に授業でやったように（T農業開発会社）耕作放棄地を何とかして，農業専門の会社を日本のあちこちに作って，できるだけ少ない人数で広い面積でやれば少しは安くできると思った。Tさんのインタビューでも言ってたでしょ。
A：そういえば，そんなこと言ってね。なるほど。でも，いくら安くするったって，10分の1まではいかないよね。効果あるかな？
B：まあ，少しでも安くすれば買う人はいいか。
C：Dの外国に売り出すっておもしろい案だよね。
B：でも，そもそも外国人が日本の米をおいしいって感じるものかな？日本人の舌にあってるから日本の米がおいしいって感じるんじゃないの？
A：あ，それ確かに。
D：テレビでやっていたんだけど，外国で日本食がブームということをやってた。日本食には日本米の方がいいって外国で働く日本人のコックさんが言ってた。
C：へえ，そうなんだ。そこに米農家が売りこめば，一石二鳥だね。さっき言った関税もTPPによってないわけだから，好都合。
B：そんなもんなのかなあ…（首をかしげる）。
C：どうして？
B：外国に売り出すなら，その国の人の味の好みに合わせた米を作った方が売れると思うけど…。
D：米を主食としている国は少ないと思う。外国は米よりパンだよ。パン。第一，これから全く新しい外国に売り出す米を一から作り始めるのは，ものすごくたいへんだ。実現できないよ。
C：たしかにどこの国に売り出すかは，問題だけどね。
T：そろそろ時間となります。グループで，よりふさわしいと思う対応策を決めてください。
C：どうしようか？
A：うーん…。
B：みんなのアイディアを重ねれば？　つまり，よりおいしくするために品種改良を続け，できるだけ安くするために農業会社をつくる，そして日本食ブームに乗って外国に米を売り出す。どう？
A：すごい。
C：Dはそれでいいの？
D：確かに，それができればいいかもしれないね。日本の米農家もいろいろやっていかないと。

以上，TPPを自分の問題意識として引き寄せることができた。　　（佐藤一馬）

◆佐藤先生実践への解説

● 「伝え合い」を導くインパクトのある教材

　この実践では，具体的な米の価格に注目している。日本の山形産の「はえぬき」が5 kg 1,999円で，オーストラリア産が5 kgで1,599円という価格を提示し，どちらを買うか子どもが考える場面を設定する。具体的な場面の設定が子どもの意見を引き出し，伝え合いの活動を導く。さらに，もし，TPPの協定が成立し，関税が撤廃されるとオーストラリア産の米は5 kg 182円になることを示す。これは，子どもにとって非常にインパクトのある事実である。ある子どもは「安くても安全検査をしっかりしているから，オーストラリア産の方がいい。」と意見を言い，別の子どもは「普段食べているお米の方が慣れている。」と発言している。大きな価格の違いという衝撃的な事実を知り，自分はどちらの米を買うか考える。このように，インパクトのある教材に出合うと，子どもは意見をもち，それを是非伝えたいと思うようになる。教材への着眼点が優れ，絶妙な教材開発と言えよう。

● 今までの学習事項を活かした伝え合い

　単元の前半における日本の米づくりの学習が充実しているからこそ，単元の終末にある「日本の米農家の今後を考える」という伝え合いが，深められることが分かる。子どもは，日本の米のこれからを考え，「さらにおいしくするために，品種改良すべきだ。」と主張する。それまでの学習で，日本の米づくりでは，品種改良を通して，おいしく，環境に適した新しい品種が作られたことを学習したので，それをもとにさらに進める方がよいという意見を出している。今までに学習した知識を後の授業でいかしていることが分かる。事実を理解することが，自分の考えをもち，それを伝えようとするもとになると言える。日頃の授業の中身の濃さが感じられる。

● 伝え合う場の設定とルール

　この実践で示されているように伝え合う場を設定すること，および伝え合

いのルールを決めることは、活動を成功させる鍵となる。伝え合いをする規模を、2人ペア、少人数グループ、クラス全体とし、授業場面に応じて使い分けることは、優れた工夫である。一般に、子どもは少人数の方が自分の意見を言いやすく、友だちの意見を聞きやすい。ふさわしい場を設定すると、子どもは進んで情報を伝えたいと思うようになる。また、ルールの第一に「『なぜそのように考えたのか』という根拠を大切にし、それをしっかり伝える。」とある。根拠を説明することにより、考えを深めることをねらっている。

　自分の意見をしっかりもつことから、伝え合いが始まる。そして、なぜそのように考えるのか、理由を明らかにし、伝えることが大切である。この授業では、伝え合う場面の設定が見事である。

●**世界とのかかわりから、世界像の形成へ**

　この実践では、オーストラリア産の米を通して、日本とオーストラリアとの関わりをとらえ、米づくりの現状と課題について追究する。オーストラリアの米と山形産の「はえぬき」を比較するとき、実践の写真に示されるように、地図帳を活用してオーストラリアの位置を確認する。子どもは、地図帳を読み取ることによって、世界の中におけるオーストラリアの位置、日本とオーストラリアの位置関係をとらえることができる。これは、子どもが世界像を描く第一歩となる。地図に掲載されている縮尺を使い、オーストラリアの首都キャンベラと日本の首都東京のおよその距離を調べれば、およそ8,000 kmあることが読みとれる。オーストラリア産の米は、その長い距離を運ばれ、日本に届けられる。それでも価格は安いことが分かる。

　第5学年の社会科では、世界の五大陸、三大洋並びに世界の国々について、取り扱う。この授業でも世界に目を向けている点が高く評価できよう。

　　　　　　　　　　　　　　　　　　　　　　　　　　　（吉田和義）

条約改正の必要性を考える

～裁判劇をもとに伝える力を育てる～

1 当時の日本人の気持ちを予想し，伝え合う

　小学校6年生では，近代国家への歩みを扱う単元があるが，明治政府が目ざした不平等条約（江戸幕府が各国と結んだ修好通商条約をさす）の改正が実現していった経緯を調べ，日本が国際的地位を高め，国力を充実させていったことを理解できるようにすることがねらいである。単元の導入では，不平等条約がどんなものであるか理解し，その条約改正の必要性を考えるために，ノルマントン号事件を取り上げる。ノルマントン号事件とは，1886（明治19）年，イギリス船ノルマントン号が，紀伊半島の沖で沈没し，日本人の乗客は全員水死したが，船長をはじめとするイギリス人船員はボートで全員無事脱出し，イギリス人船長たちはイギリス人による裁判の結果，船長は軽い罰を受けただけであった，というものである。当時の日本が諸外国と結んでいた条約のために，日本人はその判決に従わなければならない状況に至った。これが一つのきっかけとなり，不平等な条約を撤廃していこうとする動きが高まり，明治政府は，外務大臣の陸奥宗光を中心に治外法権の撤廃を目ざしていく。

　伝え合う活動として，ノルマントン号事件について，挿絵から気づいたことや分かることを表現し，友だちの意見に付け足しをしながら深めていく。事実を確認した後，この事件の海難裁判を数人の子どもに劇化してもらうことによってリアルな資料提示とする。また，その他の子どもたちは当時の日本人の傍聴人となり，この判決を受けたときの素直な気持ちを伝え合う学習にして，単元を進めた。

2 単元のデザイン

現行の小学校学習指導要領には,次のように示されている。

> (1) 我が国の歴史上の主な事象について,人物の働きや代表的な文化遺産を中心に遺跡や文化財,資料などを活用して調べ,歴史を学ぶ意味を考えるようにするとともに,自分たちの生活の歴史的背景,我が国の歴史や先人の働きについて理解と関心を深めるようにする。
> ク 大日本帝国憲法の発布,日清・日露の戦争,条約改正,科学の発展などについて調べ,我が国の国力が充実し国際的地位が向上したことが分かること。

この内容は,明治中・後期から大正期における,大日本帝国憲法の発布,日清・日露戦争,条約改正,科学の発展などの歴史的事象を取り上げ,これらを具体的に調べることを通して,我が国の国力が充実し国際的地位が向上したことが分かるようにすることをねらいとしている。

単元では,全体を8時間扱いとし,導入では,日本の産業発展を背景に,日本が輸入品に自由に関税をかける権利の確立を目ざしたことをとらえ,不平等条約の改正の必要性を理解させる。単元の展開においては,条約改正の経緯を調べていく中で,日本の国際的地位を向上させ,欧米諸国と対等な関係を築いていくことが大切だということを理解していく。単元のまとめでは,世界に歩み出した日本の経緯を振り返り,関係する人物の業績を関連させながら年表にまとめ,表現した。本時は,ノルマントン号事件についての風刺画と船長の裁判の劇から,事件の内容と審判結果をとらえ,当時の人々の不平等条約の改正の強い願いを実感させる。また,事件後,日本がどのようにして条約改正を成し遂げていったのか関心を高め,追究の見通しをもたせていく。

◎教材構造図

◇中心概念

近代化を進める日本は，幕末に締結した不平等条約を改正し，朝鮮や満州をめぐる日清・日露戦争に勝利するとともに，医学や物理学などの研究が国際的に認められ，国力の充実と国際的地位の向上を実現した。こうした中で日本の産業は発展し，人々の生活や社会に変化をもたらした。

◇考える内容

日本の産業の発展は，日清・日露戦争が一つのきっかけとなった。また，不平等条約を改正する必要があった。	日本の近代化を進めるには，日清・日露の戦争に勝利して国益を広げるとともに，欧米諸国と対等な関係を築く必要があった。	医学などの研究が世界に認められたことも，日本の国際的地位の向上に貢献した。日本の産業の発展により，人々の生活や社会が変化した。

◇社会的事象

- 日本では、日清戦争と日露戦争を境に、工場数が増え、工業が盛んになっていった。また、近代化につくした人々がいた。

- 日本の産業の発展には、欧米諸国と結んだ不平等条約の改正が必要だった。陸奥宗光は、領事裁判権の撤廃に成功したが、関税自主権の回復は先送りされた。

- 日本と清は朝鮮への影響力をめぐって対立し、日清戦争となった。勝利した日本は清から賠償金を取り、台湾などを日本の植民地にした。日本とロシアは、満州と朝鮮の支配をめぐって対立し、日露戦争となった。勝利した日本は、樺太の南部と満州鉄道を得て、韓国の支配をロシアに認めさせた。

- 日露戦争に勝利した日本は、朝鮮半島を植民地としたが、朝鮮の人々は独立運動を粘り強く続けた。韓国併合の翌年に小村寿太郎が不平等条約の改正に成功し、関税自主権を回復させ、欧米諸国と対等な関係を築いた。

- 明治のなかば、医学や物理学などで世界に認められる学者が現れ、日本の国際的地位の向上に貢献した。また、小説や俳句などで活躍する文化人が現れた。

- 日本の産業が発展する中で、生活の都市化が進む一方で、さまざまな社会問題が起きた。また、人々の民主主義への意識が高まり、普通選挙や女性の地位向上、差別撤廃を目ざす運動が起こった。

過程	○主な学習活動　●学習内容	※資料
つかむ	○紡績工場の写真や工場の様子を示すグラフを見て，気づいたことを話し合い，日本の産業発展に関心をもつ。 ●工場の大きさや働いている人の数に着目する。	※紡績工場の写真
本時	○ノルマントン号事件について調べ，不平等条約の改正の経緯に関心をもつ。 ●ノルマントン号事件について調べる。 ●船長の裁判劇をする。 ●当時の日本人たちの気持ちを考え，話し合う。 ●事件後の日本の歩みを予想する。	※ノルマントン号事件の風刺画
調べる	○不平等条約を改正するため，日本が欧米列強とどのような交渉をしたのかを調べる。 ●外務大臣の陸奥宗光が，領事裁判権を撤廃させた。 ○日本が中国（清）やロシアと戦った理由，二つの戦争の様子や結果について調べる。 ●日清戦争も日露戦争も，朝鮮（韓国）の支配をめぐっての戦いだった。 ●戦争は主に朝鮮半島や中国東北部だった。 ●日露戦争では，日清戦争よりもずっと多い戦死者が出た。 ●二つの戦争を通して，日本の国際的な立場が向上した。 ○日本が朝鮮を植民地にして，朝鮮の人々をどのように支配したのかを調べる。 ●学校で日本語の教育を受けさせたこと。 ●土地制度を変更し，土地を失う人が増えたこと。 ●朝鮮の人々は，独立運動を続けたこと。 ○日本が朝鮮を植民地にして，日本の国際的な地位がどのように変わったのかを調べる。 ●小村寿太郎が条約改正に成功して関税自主権を回復し，欧米列強と対等な関係を築くようになった	※ビゴーの風刺画 ※ワークシート

	こと。 ○明治の中ごろから，医学などの分野で国際的に活躍した人物について調べる。 ●北里柴三郎…破傷風の治療 ●志賀潔…赤痢菌の治療 ●野口英世…病原体の研究 ●新渡戸稲造…国際連盟の事務局次長 ●夏目漱石，樋口一葉…文学小説 ○明治の産業の発展が，人々のくらしにどのような変化をもたらしたのかを調べる。 ●洋服，ラジオ放送などの生活の変化 ●普通選挙を求める運動 ●女性の地位向上を目ざす運動 ●差別をなくすための運動	※千円札，旧五千円札，五千円札 ※小説，詩 ※田中正造の写真
まとめる	○世界に歩み出した日本の経緯を振り返り，年表にまとめる。	※画用紙

　子どもの学習意欲を高め，学習課題に広い視野をもって取り組めるように，ノルマントン号事件の風刺画や，裁判の劇化を取り入れた単元の導入を図った。

　ノルマントン号事件から，不平等条約の改正に至るまでの過程を国力の充実と合わせて考えさせていく。絵の読み取りや，裁判劇を行うことによって，その事実認識を深めさせた。

3　授業の実際

　本時のねらいは，ノルマントン号事件について調べたり，船長の裁判劇をしたりして，この事件から日本人の気持ちを考え，条約改正の意識が高まったことを理解させることである。まず，有名なビゴーの風刺画を知り，描かれた人たちが発している言葉を予想させ，ノルマントン号事件に関心をもた

せた。

　ノルマントン号事件の風刺画は，救命ボートのイギリス人の船員がくつろいだ表情でパイプを吸っていたり，船長のドレイクが，海でおぼれている日本人を助けず何かを指さしていたりする様子が描かれている。この絵を子どもたちがどう読み取ったのか，以下に授業記録を掲載したい。

授業記録 I

```
T：どんな画だと思いますか。
C：船が沈没しています。
C：おぼれている人がいます。
T：そうですね。ボートに乗っているのはイギリス人です。乗組員は…なぜか
   海にいますね。そう，日本人です。どんなことを言っていると思いますか。
C：（おぼれている人）助けてくれ！早くボートに乗せて！
C：（船長・船員）乗せてほしければ金を出せ！
C：（船長・船員）ボートはもう乗れないから自分で泳いでいけ。
```

　分かることを自由に発言させていくと，船が沈没していることに気づくとともに，掲げられている国旗に注目していた。また船に乗っている人の容姿を見て，日本人ではないことに気づく子どももいた。このように，子どもたちは，ノルマントン号事件の風刺画を読み取ることを通して，イギリス人がボートに乗り，日本人が海の中にいることをとらえた。次に，風刺画の事実を伝えるために，「ノルマントン号事件」の新聞記事を提示し，そこから分かることをあげさせた。

ノルマントン号事件の新聞記事
(事実を絞るために作り直した)

●ノルマントン号事件

一八八六年十月二十四日,和歌山県串本町潮岬沖の海にて,イギリスの貨物船ノルマントン号が嵐に遭い,沈没した。イギリス人の船長や船員は全員ボートで,命を取り留め,助かった。しかし,日本人の乗客は全員溺れて死亡した。

授業記録Ⅱ

T:この事件の新聞記事です。読んで分かることを教えてください。
C:イギリスの貨物船ノルマントン号が沈没しました。
C:和歌山県串本町潮岬沖の海…日本で起きた事件だったんだ。
T:そう,日本で起きたのですね。場所を確認しましょう。(教室掲示してある日本全図に子どもを向かせ)指をさしてください。せーの。
他に,分かることはありますか。
C:船長や船員は助かったのに,日本人は全員死亡しました。

　和歌山県串本町の場所を地図でおさえておく。日本全図で和歌山県の位置を全体確認した後,地図帳の索引で個々に確かめ,チェックさせる。ノルマントン号事件では,日本人が助からなかったという事実をおさえ,この事件を知った日本人の心情に迫るための本時の課題を示した。

　ノルマントン号事件を知った日本人はどのような気持ちをもったのだろう。

　ただこの段階では,事件の真相を確認できていないために,根拠のない予想だけの話し合いになってしまう。そこで,ノルマントン号事件の海難裁判の記録をもとに,イギリス人船長が無罪になったという裁判劇をする。教室

を裁判所に見立て，劇をしない子どもは事件があった当時の日本人として傍聴する。事前に数名の子どもにはこのシナリオ（イギリス人船長，乗組員たちは，救助のための努力をしていたこと，日本とイギリスの間で結んでいる条約によってイギリスの法律に従って裁判できること，裁判の結果，イギリス人船長は無罪であったこと）を伝え，指導し，演じてもらった。

伝え会う活動の場の設定

事件の調査報告をする
事務所員

　当時の日本人として傍聴した子どもたちが素直に考え，感じたことを，3〜4人の小グループで伝え合わせた。「船長は自分を守るためにうそをついた。」「この裁判はおかしい。」など，全体で深められそうな意見が出た。あまり積極的ではない子どもも，小グループの話し合いにはすすんで参加でき，自分の意見を認めてもらったり，他の考えに気づいたりする機会になる。

　クラス全体での話し合い，伝え合う場面では，この事件を日本の裁判所で裁くことができなかったのは，日本が欧米諸国との条約で領事裁判権を認めていたからであることを理解する。そして，この点そのものが不平等な内容であることを確認した。

授業記録Ⅲ

T：事件のことを知って，当時の日本人はどのように思ったのでしょうか。
C：日本人は，本当に誰一人もボートに乗ろうとしなかったのだろうか…
C：命に関わる問題なのに，乗らないのはおかしいと思う。
C：イギリス人船長は，助ける気持ちがなかったのだと思う。
T：同じ意見の人はいますか。手をあげてください。（5,6人が挙手）
C：イギリス人だから，イギリスの人を守ろうとしたと思う。
C：でも，助けられなくても仕方ないと思う日本人もいたと思う。
C：それとは逆で，イギリス人は，日本人を助けようとせずに，見捨ててしまい，裁判ではうそをついて，無実になろうとしたのではないか，という気持ちをもったと思う。
C：でも，本当にイギリス人は日本人を助けようとしたかもしれないよ。
C：乗客を助けるのは，船長や船員の責任だから，助けないといけない。無罪はありえない。
T：なるほど。結果として日本人は，助からずに，おぼれてしまいました。意見をください。
C：納得できない。日本人が一人も助からなかったのだから，きっと助ける気持ちがなかったのだと思う。
C：イギリスの法律で裁いたからだと思う。
C：イギリスと日本が条約で決めたことだから，条約そのものを変えないといけない。
C：でも，条約を変えるとイギリスが攻めてくると思う。
T：では，どんな条約を結んでいたのか資料集で確かめましょう。

　話し合いを深めていくために，最初の意見に対して，どう考えるかを示すハンドサイン（グー：同じ意見・チョキ：付け足し・パー：別の意見）を活用した。さらに，付け足し→別の意見の順で意図的に発言させていくことで，話し合いに筋が生まれてくる。子どもたちから，「イギリス人だから，イギリスの人を守ろうとしたと思う。」と発言があるように，イギリス人による不平等な裁判だったということをとらえることができた。

第２章　伝え合う力が育つ社会科授業実践

劇を受けて当時の日本人の気持ちを考える

　裁判劇を通して，ノルマントン号事件の問題点を伝えることができた。また，当時の日本人の気持ちを考え，伝え合う場面では，日本人として納得がいかないという意見から，欧米諸国と結んだ条約に従わざるを得ないので仕方ないという当時の日本の歴史的背景に迫った意見を出すことができた。資料集では，日本は領事裁判権を認めていたために，日本の法律で裁けないことや関税自主権がないために，輸入品に自由な税金がかけられない不平等条約の内容を確認した。また，どうやって条約を変えていけばよいのか予想させ，その後の日本の歩みを調べていく見通しをもたせることができた。

（齋藤健太）

◆齋藤先生実践への解説

●歴史に臨場感を

　社会科の歴史の授業では，まるでタイムマシンに乗ってその時代，その場所へ行き，そのできごとを見てきたような気持ちになることが大切であろう。すなわち，歴史に臨場感を持つことである。そこから子どもは，様々なことを理解する。そして，自分が分かったことを誰かに伝えたいと思うようになる。この実践では，何と言っても，ノルマントン号事件の裁判劇を行うことが，子どもに明治時代のイギリス領事館で行われた裁判に立ち会ったような，臨場感を与えている。そのときに，実践場面の写真に見られるように，船長（被告人），裁判長，弁護人，事務所員，傍聴人などの役割をクラス全員で分担しているので，子どもは一層自分も裁判に参加した気持ちになれる。この裁判劇の後に，体験的な活動をもとにして，意見を伝え合うことができるようになる点が，非常に優れた実践である。

●地図で位置を確認

　この実践おいては，ノルマントン号事件の起こった場所を日本地図で確認する場面がある。歴史の出来事の位置を地図で確かめることは，歴史事象にリアリティをかもし出す点で非常に重要な学習活動と言える。この事件は，和歌山県沖の太平洋で起こった。日本地図で位置を確かめると，本州のすぐ近くの海で，事件が起きていることが分かる。この事実を確かめることによって，子どもは日本のすぐ近くの海で起こった出来事なのに，日本の国に裁判権がないのはおかしいと思うことができる。歴史の授業においても，日本地図を有効に活用している点が，素晴らしい工夫だと言える。

●明治の人々の願いに迫る伝え合い

　授業では，「ノルマントン号事件を知った日本人は，どのような気持ちをもったのだろう。」という問題を追究する。子どもは，伝え合いを通して，意見をやり取りする中で，当時の人々の気持ちに迫っていく。授業記録に示

されるように，ある子どもが「日本人は誰一人も本当にボートに乗ろうとしなかったのだろうか…」と疑問を投げかけると，別の子どもは「命にかかわる問題なのに，乗らないのはおかしいと思う。」と発言する。そして，最後に「イギリスと日本が条約で決めたことだから，条約そのものを変えないといけない。」と発言する子どもが登場し，この出来事の背景には，イギリスと日本の間にある不平等な条約が問題であることに気づいていく。

　このように，自分が考えたことや思ったことを，クラスのみんなに伝え，友だちの意見に自分の意見を付け足したり，異なる意見を言ったりする過程を経て，明治の人々は，このイギリス領事館で行われた裁判に不満をもったに違いないという事実を追究することができる。子どもの伝える力を十分に発揮させる点が，読み応えのある実践となっている。

●一人ひとりの気づき，グループの話し合いで，伝え合いのもとをつくる

　授業では，自分の考えをもち，それをグループで発表し合う場面を設定している。この活動により，自分の考えに自信を持ったり，違う考えに気づいたりできる。また，子どもたちは，グループでの伝え合い活動に慣れていて，授業中の短い時間で，意見のやり取りが上手にできる姿がうかがえる。言語活動に関する学級での日常の指導が行き届いている証である。このような場面を授業中に設定することが，クラス全体での伝え合いを充実させることに結びつくと言える。

　クラス全体では，最終的に，不平等条約を改正するための努力に目を向けることができた。子ども自身が気づいたことを伝え合う中で，ノルマントン号事件の本質に迫って行く姿が，非常に見事な展開である。　　　（吉田和義）

身近な社会保障に対する考えを伝え合う

～社会への参画に向けて～

はじめに　6年政治単元で「伝え合う力」を育成する理由

　小学校社会科では，よりよい社会の形成に参画する資質や能力の育成が求められている。もちろん全単元において，それらを育成するための授業を行う必要があるが，勿体ないことに，身近な地域の政治単元を相当軽く扱う，または教科書通りになぞって終わるという話をよく聞く。しかし，私は，この政治単元を大切に扱いたいと考える。児童にとって市町村等の身近な地域の政治を扱うが故に，他人ごとではなく自分のこととして緊張感をもち，切実に考えられる要素が多々含まれているからだ。それは，「自分の考えをどうしても伝えたい。」，「相手の考えをどうしても知りたい。」という思いにつながる。このようなことからも，小学校社会科授業の中で，6年の政治単元こそ「伝え合う力」の育成に最も適した単元ではないかと考えている。なお，本稿は，筆者が千葉大学教育学部附属小学校に在籍していた際の授業実践である。

1　単元名　わたしたちの願いを実現する政治～社会保障で考える～

2　どうしても「伝え合いたくなる」ための素材の吟味

児童の実態

　本学級の児童は，国や地方公共団体が示す法や制度，計画等は，私たち国民の願いが実を結んだものではなく，各議会議員の要求や政党の主張で決定したと考えている傾向が強い。また，一度決定したことは私たちの願いだけでは半永久的に覆すことのできないものだと考えている。身近であるはずの政治が，生活から遊離した遠い存在のものになっているのが現状である。

社会保障制度

　6年児童にとって身近な社会保障の一つとして，社会保険（医療保険）があげられる。その理由は，児童の誰もが具合が悪くなったり怪我をしたりした場合に，病院に行って医師に診断してもらい，調剤薬局で薬を購入するからである。その際，当然ながら代金を支払うことになるが，その代金は掛かった費用の全額ではなく，一般的に3割負担（小学生～70歳未満）を原則としている。これがもし全額負担であったら，多少の病気や怪我では病院に行かなくなるケースが増えるだろう。また，その逆で，もし医療費が無料だったら，費用のことを考えずに安心して病院に行くことが可能になるだろう。

地方公共団体によって異なる医療費助成制度

　現在（平成21年），千葉市には小学校就学前の乳幼児に対する医療費助成制度がある。通院1回・入院1日につき200円のみの負担となり，薬代は無料である。そのため，小学校に入学すると通常の医療費を支払うことになる。

　しかし，この通常の医療費を中学校卒業まで無料化するという地方公共団体も出てきた。同じ県内にある長南町である。予算化に向けて町議会で話し合いが行われ，平成21年4月より制度が開始されることとなった。県内には，このような地方公共団体が出てきているのに，なぜ千葉市では小中学生の医療費は無料や助成の対象にならないのだろうか。そこには，住民の願い，市議会における制度の改正，税の予算化等が絡んでくる。

授業の方向性

　児童の実態も踏まえ，本単元では政治学習の導入単元として，病院代・薬代という身近な医療費に関する事柄を踏まえた授業展開を進めていくこととした。学習過程を経ていくことで，政治は政治家のものではなく，私たちの願いを実現していくために存在しているということを実感させ，認識を改めさせていこうと考えた。その際，「私が考えたことをどうしても聞いて欲しい。」，「行政や大人の考えをどうしても知りたい。」，「みんなの考えは私と同

じなのか,異なるのかどうしても知りたい。」というような,「伝え合う」意欲が自然と湧き出てくる八つの手立てを取り入れていくこととした。

3 「伝え合う力」に視点を当てた社会科授業の創造

指導目標
- 千葉市民の生活の安定と向上を図るための市政の働きを身近に感じ,関心をもとうとする。
- 千葉市の条例や制度について,具体的に調べることを通して今後の千葉市政のあり方について考え,相互に伝え合うことができる。

指導計画 (7時間扱い)
- 現在の医療費の自己負担に関わる仕組みについて理解する。　　1時間
- 千葉市の医療費助成の実際を調べ,市職員へインタビューをする。3時間
- 他の地方公共団体の医療費助成をめぐる動きについて伝え合う。　2時間
- 仮想市長となり,今後の千葉市の施策のあり方を伝え合う。　　1時間

指導の実際

①社会的事象に対する関心を高め,自己内対話を促す工夫

【第1時　社会保障について知る】
手立て❶医療費領収書を使って総診療費等を計算させる。(**自己内対話**)

初めに,社会保障の概念を知るために実際の医療費領収書を使って,総診療費や自己負担金を計算した(右写真)。例えば総診療費が7,410円だった場合,その3割にあたる2,220円が自己負担金となる(小学生から70歳未満の場合)。すると,5,190円の差額が生じ,児童は誰が残

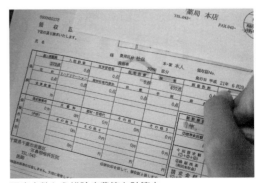

医療点数から総診療費等を計算中

りの差額を負担しているのかという疑問を抱いた。

そこで，社会保障という言葉を用いて，国民や企業が国に支払った保険料や税金を使って病院に行ったり，失業，高齢等になったりしたときに国からお金が支給されることを図示し，説明した。

②事実の比較から驚きを誘発し，学級全体での疑問の共有へ導く工夫

> 【第2時　千葉市乳幼児医療費助成制度に出合う】
> 手立て❷2枚の医療費領収書を比較させる。（**自己内対話・学級全体**）

社会保障制度の良さを知った児童に，新たな2枚の医療費領収書を見せた。それぞれ以下のような数値となっている。

領収書	総診療費	負担率	公費一部負担	自己負担金
①	4,410円	0%	200円	200円
②	4,190円	30%	0円	1,260円

児童は，領収書①の負担率がなぜ0%なのか，公費一部負担とは何か，なぜ自己負担金が200円で済むのか等の疑問を抱き，その理由を考え始めた。しかし，なかなか理由が見つからない。そこで，この2枚の領収書は，ある子どもの「①幼稚園年長時（2月13日分）」と，「②小学1年生時（4月17日分）」のものであることを伝えた。そこから，小学校入学前には公費に関する何かがあることに児童は気づいた。続いて，実際に使われている千葉市の乳幼児医療費助成券を提示し，未就学児に配付されていることを説明した。券に記載されている自己負担に関わる内容は以下の通りである。

通院	通院1回につき200円
入院	入院1日につき200円（1日の入院から有効）
保健調剤	無料

児童からは，「だから領収書①の自己負担金は200円だったのか。」，「そういえば幼稚園の妹の病院代はいつも200円だった。」，「僕たちも200円がいいな。」，「どうして小さい子どもだけ200円にするのか。」等の声があがった。そこで，学習問題を「千葉市ではなぜ乳幼児の医療費を助成するこ

とにしたのだろうか。」と設定し，各自が以下のような予想を立てた。

- 小さい子どもの病状はよくわからないので，気軽に病院に行けるようにするため。重病化を防ぐため。
- 同じ日にいくつかの病院に行くと，病院代がすごくかかり大変なため。
- 親に子どもを安心して育ててもらうため。
- 子育てには様々なお金がかかるから。
- 市の制度をアピールして，市の人口を増やすため。少子化対策として。
- 憲法の考えを市の制度にも反映させるため。
- 市長や議員が選挙で勝つため。　等

また，千葉市乳幼児医療費助成制度そのものに対する関心も同時に高まっており，以下のような内容も調べていくこととした。

- いつ，なぜこの制度が始まったのか。
- なぜ乳幼児だけという年齢制限があるのか。
- なぜ負担額が200円に設定されたのか。
- なぜ薬代だけは無料になったのか。
- すべての病院でこの券は使えるのか。
- 他市町村から診察に来た人は，この制度が使えないのか。
- 千葉市在住の外国人でもこの券を使えるのか。
- 病院側は医療費助成をどう思っているのか。
- 医療費助成制度に対する反対の声はないのか。
- この制度でどのような効果が現れたのか。
- 払っていない分のお金は（助成分）は誰が支払っているのか。
- 乳幼児だけではなく，高齢者のための制度はあるのか。
- このような良い制度を全国で実施するために，なぜ法律で定めないのか。

このように，児童の予想や疑問は，それぞれの自己内対話を踏まえた後，学級全体で共有を図ることで多岐にわたるものとなっていった。

③**本物と接することで調べる力を育て，自己内対話を活発化させる工夫**

【第3時　インタビュー調査をする】
手立て❸千葉市乳幼児医療費助成制度等に関するインタビュー調査をさせる。（**自己内対話・学級全体**）

千葉市の政治に関わる今回の予想や制度そのものを調べる手段として，教科書や資料集は活用できない。また，保護者や街頭での調査活動を行っても，

明確な答えが返ってこないと予想された。そこで，今回は身近な市の政治に直接関わっている市の担当職員や，市議会議員に聞いてみようということになった。そして最終的に，千葉市保健福祉局子ども家庭部子育て支援課の乳幼児医療費助成事業に携わっている職員に来校して頂き，インタビュー調査をすることとなった。児童は，前時で出てきた予想や疑問について一つずつ解決したと同時に，自己内対話により，新たな思いを表出していった。

④切実な他者の思いをグループ対話で膨らませる工夫

> 【第4時　調査のまとめをする】
> 手立て❹市民（保護者）の医療費助成に関する思いを知らせる。（グループ対話）

前時のインタビュー調査で不明確だったことは，実際に乳幼児がいて本制度を現在利用している市民（保護者）の思いである。そこで，本学級の中から，該当する四つの家庭の親に本制度がある良さを話してもらい，ビデオで撮影した映像を児童に見せた。以下は，医療費助成に対する市民（保護者）の思いの概要である。

> ・子どもが小さい時は，何かとお金がかかるので大変助かっている。
> ・医療費助成があると安心して病院に行くことができる。　等

児童は，自分や友だちの親が映像で出てきたことに驚くとともに，身近な人の考えを聞くことで本制度を利用している親の思いを理解することができた。そして，グループ対話により，本制度の良さに対する思いを膨らませた。

一つの制度は，市民の願いや市の考えをもとに市議会で話し合いが行われ，条例として制定された後，でき上がる。また，一度制定された条例でも市民の願い等によって改正されることがあり，時代の流れにあった制度に生まれ変わることができるということを，児童は学ぶことができた。

⑤事実の比較から驚きを誘発し，学級全体での疑問の共有へ導く工夫

【第5時　他の地方公共団体の制度と比較する】
手立て❺他の地方公共団体の医療費対策について提示する。（自己内対話・学級全体）

　前時までに，千葉市が独自の予算で乳幼児の医療費助成を行っていることを学んできた児童は，千葉市の医療費助成が他の地方公共団体のそれよりも進んでいると感じていた。また，小学生である自分たちには，医療費助成がないことが当然であるかのようにも感じていた。千葉市以外の状況を知らないからである。そこで，県内にある長南町等において，小中学生の医療費が無料または助成されることになった事実（新聞記事：長南町子ども医療費の助成に関する規則）を提示した（右写真）。

　千葉市では未だ実現していない事実に児童は非常に驚き，「どうして長南町は無料になるのか。」，「僕たちも無料にしてほしい。」，「千葉市は無料にならないのか。」等の声があがった。

千葉県と比較した地方公共団体の助成内容

そして，学習問題を「なぜ千葉市の小中学生の医療費は無料にならないのだろうか。」と設定し，各自が以下のような予想を立てた。

・千葉市は長南町と異なり人口減ではないから。
・千葉市は子どもの数が多いので負担が今以上に増すから。
・千葉市には借金があるのでお金がないから。
・無料化への市民の声が少ないから。
・千葉市は医者の数の割合が少ないから。
・子どものいない家庭から苦情が出るから。
・千葉市として他の事業にも取り組む必要があるから。

　以上の予想をもとに，次の調べ活動に進んだ。

⑥切実な他者の思いをグループ対話で膨らませる工夫

> 手立て❻市民（保護者）の市政に対する様々な願いや市の考えを知らせる。（グループ対話）

　長南町よりも規模が大きい千葉市で，なぜ小中学生の医療費の無料化ができないのかと考え出した児童に，本学級保護者の医療費に対する以下のような願いを撮影したビデオ映像で見せた。

- 子どもが小さい時は乳幼児医療費助成で助かったので，今後は小中学生にも広げて欲しい。
- 中学になって部活が始まると，怪我が多くなって医療費がかさむ。　等

　また，医療費助成ではなく違う事業をしてほしいという考えをもつ本学級保護者の，以下のような願いを撮影したビデオ映像を見せた。

- 高齢者への対策を手厚くしてほしい。
- インフルエンザ等の予防注射を無料にしてほしい。
- 歩道や公園の整備に力を注いでほしい。
- 野球やサッカーを中心としたスポーツが盛んなまちづくりをしてほしい。　等

　さらに，インタビュー調査でご協力頂いた，千葉市子育て支援課職員からの医療費無料化や市の予算に関する事実について語られた，以下のような内容のビデオ映像を見せた。

- 医療費助成拡充は市民からの願いもあり，市議会で話し合い中である。
- 小学３年生まで通院費を無料にした場合，あと７億円ほどかかり，今は予算化が難しい。
- 医療費助成以外にも様々な分野にわたる市民からの願いがあり，市の取り組みは多様である。
- 願いをもち続けることで実現が近づく。　等

　その後のグループ対話で，児童は，医療費助成以外にも実に広範囲にわたって市への要望があることや，市の予算が医療費助成だけではなく，様々な分野における施策のために使われていることを確認し合った。

⑦互いの考えの相違から新たな考えを生み出す話し合いの工夫

> 【第6時　制度拡充への思いを知る】
> 手立て❼医療費助成制度の拡充について話し合わせる。（**自己内対話・学級全体**）

　ここまで学習を進めた後，千葉市乳幼児医療費助成制度を小中学生等に広げた方が良いかどうかの話し合いを行った。以下は，話し合いの様子を一部抜粋したものである。

> C1：小中学生は怪我が多いので，医療費助成を広げるべきだと思います。
> C2：そうだよ。そうすれば，子どものいる親がすごく助かるよ。
> C1：少子化対策としてもいいのでは。こういうサービスをしていくことで，子どもの数を増やしていくこともできるでしょう。
> C3：でも，医師不足を解消してからでないと，病院が大変なことになるよ。
> C4：医者も大変だし，病気の人も長い時間待ち続けることに…。
> C5：それに，医療費助成のせいで千葉市の借金がこれ以上増えるのは良くないことだと思うけど…。
> C6：助成を広げることは良いことだけれど，税金が増えるならちょっと嫌です。千葉市に今あるお金だけではできないということですか？
> 　T：もちろん，今の千葉市の予算の範囲内で助成していくということです。なので，税金は増えないと考えてください。
> C7：もしも助成を広げるなら，お年寄りの医療費助成を先に行うべきだと思うな。お年寄りの方が子どもよりたくさん病院に行っているし…。
> C4：千葉市の取り組みとして考えるなら，医療費助成だけでなく，他の取り組みも充実させることを考える必要があると思います。例えば，共働き対策で保育園を増やすとか…。
> C8：あっ，そういう考えもあるね。保育園に入れない子がいるっていう話は，テレビのニュースでもやっていたからね。

　本時の話し合いも，まずは自己内対話を行い，学級全体での話し合いへと移行させた。とっさの思いつきではなく，そう考えた根拠もじっくりと踏まえていくことで，学級全体での話し合いの深まりが生まれてきた。話し合いが進むにつれて，医療費助成制度拡充の賛否にとどまらず，千葉市の施策として他の取り組みを行う必要性にも目を向けて考えるようになってきた。

⑧社会への参画に向けた学級全体での話し合いの工夫

【第7時　千葉市の施策から考える】
手立て❽仮想市長として自分が力を注ぎたい施策について考えさせる。
　　（自己内対話・学級全体）

　市が医療費助成以外にも様々な取り組みをしていることを知った児童に，具体的な千葉市の主な施策（33件）を提示し，知っている施策を各自で確認させていった。施策を確認した児童からは，「子ども110番の家の掲示物を見たことがある。」，「放置自転車対策もしているのか。」，「通学でノンステップバスに乗っている。」等の声があがり，施策の多様性を実感することができた。さらに，もし自分が千葉市長だったらどのような施策に力を入れて取り組んでいくかを，理由を明確にして三つあげさせ，学級全体でまとめていった。以下，児童が話し合いの結果決定した未来の施策ベスト4である。

第1位：子どもたちに何かあった時，すぐに駆け込めるように「子ども110番の家」を増やす。
第2位：乳幼児だけではなく，小中学生や高齢者も対象となるように「医療費助成制度」を見直す。
第3位：それぞれの地域の安全・安心が続くように「防犯パトロール隊」を増やす。
第4位：お母さんたちが安心して働けるように「保育施設」を増やす。

おわりに　教室内での「伝え合い」の先にあるもの

　本実践において，児童は自己内対話やグループ対話，学級全体での話し合いといった「伝え合い」を必然的に，また段階を追って進めていった。その結果，「伝えたい」，「聞きたい」といった「伝え合う」意欲が高まってきた。今後は，このような「伝え合い」を教室内で終わらせるのではなく，議会や市民等と向き合って「伝え合う」ことが必要になってくるだろう。自分たちの考えを教室外にいる第三者に伝える，そして批判を聞く。この繰り返しをしていくことが，さらなる「伝え合い」の進化につながるものと考える。

　　　　　　　　　　　　　　　　　　　　　　　　（三浦昌宏）

◆三浦先生実践への解説

●政治単元への熱い思い

　身近な地域の政治的な話題を教材化したこの実践は，社会科の本来の役割を再認識させてくれる。社会科は地域社会の一員としての自覚を培う教科であり，切実感を追究の源としているからである。三浦先生が「どうしても『伝え合いたくなる』ための素材の吟味」と表現しているように社会保障制度や，医療費助成といった子どもにも切実に受け止められる話題に着目したことをまず高く評価したい。

　日本の小学校教師は，長らく政治単元には消極的であった。その理由は，政治の世界は子どもが理解できない本音と建前があり，ややもすると思想や信条の中立性から外れてしまうことを過剰に怖れてきた。教師も，一種の心理的な政治離れをきたしているかもしれない。しかし，「政治は政治家のものではなく，私たちの願いを実現していくために存在している。」と記されているように「伝え合う」意欲を子どもたちに湧き出させる格好の題材なのである。

●リアルな領収書の活用

　何といっても，本実践は数字が決め手になっている。医療費という数字である。自己負担金と総診療費との差額に着目させるため，リアルな領収書を用いた点に三浦先生の意気込みを感じた。さらに千葉市の乳幼児医療費助成制度に発展し，幼稚園の妹の病院代がいつも 200 円だった児童の実感を例に，学習問題を「千葉市ではなぜ乳幼児の医療費を助成することにしたのだろうか。」と切実感を高めて問い掛けている。子どもたちから出てきた予想や疑問が実に面白い。「同じ日にいくつかの病院に行くと，病院代がすごくかかり大変なため。」とか「親に子どもを安心して育ててもらうため。」「払っていない分のお金は誰が支払っているのか。」などといった素直な疑問も登場し，自己内対話の深まりを促している。

●市役所職員への直接インタビュー

　政治単元は，関係者へのインタビューが大切であると，この実践を読んで感じた。保護者や周囲の大人に尋ねても，明確な答えが返ってこないと予想されたためである。複雑な制度の説明や運用の条件などは，やはり専門家に尋ねた方が正しい。6年生ぐらいの年齢であれば，ある程度難しい用語も理解できるだろう。自治体職員ならば平日に来校してもらいやすい点もメリットである。自治体の様々な助成制度に関心をもち，社会科教材化にチャレンジしてほしい。

●比較の材料を用意

　三浦先生の実践の優れた点のもう一つは，医療費が無料になっている県内の他町を例に取り上げた点である。いきおい「なぜ千葉市の小中学生の医療費は無料にならないのだろうか。」と切実な疑問が生じてくる。自然な流れである。人口規模や，自治体の財政状況などの違いにも子どもたちは言及できており，視野が広がっている。クリティカルシンキング（批判的思考）が見事に育ち始めている。乳幼児医療費助成制度を，自分たち小中学生にも広げた方がいいかどうかを話し合う場面などには，まさに「じぶんごと」に達した姿が垣間見られる。社会認識の深まりが達成できており素晴らしい。

●仮想市長の役割

　「もし，自分が市長だったらどのような施策に力を入れて取り組んでいくか。」という仮想市長の設定は，オープンエンドの考えである。収束と拡散を繰り返しつつ問題解決学習の深まりを目ざす社会科授業にとって，こうした終わり方は効果的であろう。なぜなら，子どもたちは小さな市民だからである。中学生に上がる直前の学習であるのでとりわけ意義深い。

●伝え合いは民主主義を体感させる手立て

　自分の意見を切実感をもって互いに伝え合うことで，私たちの社会は健全な姿を維持している。反対意見や条件付きの認め・賛同，ユニークな少数意見など実際の社会では様々な意見が飛び交う世界である。「伝え合う力」は，民主主義を維持発展させていく原動力なのである。　　　　　　　　（寺本　潔）

コラム：働く人への「おたずね」は，きっかけ・ご苦労（よろこび）・今後の抱負で

　社会科学習で出会う消防士や農家の人，伝統工芸士，福祉施設の職員，機械工場で働く人等に「おたずね」する場合，次の順番でインタビューすると上手くいくようになる。具体的な言葉がけを以下に紹介しよう。

◆きっかけ

　「消防士さんになりたいと思ったきっかけはどんなことですか？」，「メロン栽培を始めたきっかけは何でしたか？」，「何がきっかけでこの伝統工芸品をつくる職人さんになろうと思ったのですか？」等，物事には始める契機があるもの。制服がかっこよかったから，親の仕事に興味があったから継いだ，憧れの職業だったから等と「きっかけ」という言葉で切り出すインタビューはスムーズに開始できる。

◆ご苦労（よろこび）

　次に，問いかける言葉は，ご苦労（もしくは，よろこび）である。「消防の仕事を続けていて，苦労されることはどんなことですか？」，「メロンを栽培していて一番苦労することは何ですか？」，「織物を織っていてよろこびに感じることって何ですか？」等，仕事には苦労することと，やっていて嬉しいことが必ずある。それを引き出す言葉がこれである。特に，苦労話は人に聞いてもらいたいので「おたずね」に深みが出てくる。

◆今後の抱負

　小学生は，抱負という言葉は日常使わないので「これからの夢」でよい。「消防士さんのこれからの夢は何ですか？」，「栽培を続けていく中でこれからの夢はどんなことですか？」，「伝統工芸品を作っていく上で夢はありますか？」等とたずねていけば，課題の克服に向けて頑張っていることや，将来の明るい展望などが聞き出せる。

　「きっかけ・ご苦労（よろこび）・今後の抱負」の3ステップは，放送局の人から教えてもらったところでは，新人アナウンサーのインタビューの定石らしい。簡単なので，是非小学生にも獲得させたい「伝え合い」の技法である。

　さらに，こうした技法は，現実に生きている実社会の人にだけ有効ではない。既に，亡くなっている歴史上の人物に対しても使える。例えば，「頼朝さん，鎌倉に幕府を開こうと思ったきっかけは何ですか？」，「大名として参勤交代で街道を行き来していて一番，苦労することは何ですか？」，「勝海舟さんは，どんな明治時代を夢見ていたのでしょう？」等と歴史上の人物にマイクを向けるようにイメージさせて，「おたずね」の文章を書いてもらうことも学力が身に付く学びになるだろう。

　「伝え合う力」は，「問いかける力」と「返答する力」で成り立つ。相手が返答しやすいように，この3ステップでインタビューするよう児童に促してみてはいかがだろうか。

（寺本　潔）

3章
伝え合う力を引き出す社会科授業の方法

防災の授業で学校近くの電柱に貼ってある海抜表示を撮影している子ども（5年生）

第1項　資料の読解と事実確認の指導

1　資料の読解と活用

　社会科の授業には，グラフ，表，地図，写真，動画，文章など多様な資料が登場する。それらの資料を子どもが読み解き，活用することが不可欠である。活用の場面では，資料からどのような事実を引き出すかが重要といえる。

　第6学年の歴史学習において，活用されることがある資料に「蒙古襲来絵詞(えことば)」がある。この資料には，鎌倉時代に，元が日本を攻めた蒙古襲来の戦いの様子が描かれる。日本の武士竹崎季長(すえなが)が鎧兜に身を包み，元軍を相手に勇ましく戦う。この資料を子どもに提示したとき，どのような発問が考えられるだろうか。

　例えば，「どちらが元の軍隊で，どちらが日本の武士だと思いますか。」と発問をしてみる。子どもからは「向かって左が元の軍隊だと思う。」「右は日本の武士だ。」という意見が出されるだろう。このとき「では，なぜ左が元軍だと思うのですか。」と問い，理由を発表するように促すことが大切である。子どもは，「日本と元では，服装が違う。日本の武士は鎧と兜を着けているけど，元の人は鎧は着けていないから，右が日本の武士です。」「戦うときの武器が違う。爆薬が破裂している爆弾みたいなものがある。これは元が使った武器だと思う。」「一人で戦っているのが日本の武士で，みんなで戦っているのが元の軍隊だと思う。」という意見が出されるかもしれない。資料に描かれている事実を丁寧に読み解くことにより，日本と元の服装，武器，戦法などの違いをとらえることができる。

　さらに，一通りこの資料に描かれている事実を読み解くことができたならば，日本の武士である竹崎季長は，なぜこの絵巻を描かせたのか発問する。この発問の答えは，絵巻を見ただけでは分からないので，次のような資料を用意すると，考えるヒントになる。竹崎季長と鎌倉幕府の執権北条時宗が対

第3章 伝え合う力を引き出す社会科授業の方法

元と日本の位置

面している場面を描き，吹き出しを付け，竹崎季長が幕府に対してどのようなことを言っているか，書き込むようにする。子どもからは，「勇ましく戦ったから，領地をください。」と言っているに違いないという意見が出されるだろう。蒙古襲来絵詞から読み取った事実と，それまでの学習で学んだ「ご恩と奉公」という鎌倉幕府と武士との関係を関連させ，資料の読解を深めていくことができる。竹崎季長は，自分の活躍を幕府に示すためにこの絵を描かせたことがとらえられるようになる。

　第5学年の「住みよいくらしと環境」の学習では，気候条件から見て特色ある地域の例として，「あたたかい地域のくらし」と「寒い地域のくらし」のどちらかを選択して学習する。あたたかい地域の例として，沖縄県の事例が取り上げられる場合がある。この学習では資料として，沖縄県の伝統的な民家の写真が提示される。写真を子どもに示し，どのような特色があるか発問する。子どもから，「瓦屋根の家だ。」「家の前に塀が立っている。」「一階建ての家で，2階がない。」という意見が出される。この1枚の景観写真からなるべく多くの事実を引き出すことが大切である。さらにくわしくみると屋根の上の瓦が白い漆喰でとめられていること，家の周りが樹木で囲まれていることなどに気づくかもしれない。

　次に，この景観写真と温暖で台風が多いという事実を提示し，民家の特色と気候との関連について意見を求める。子どもから，「周りに高い木があるのは，台風の風をよけるためだ。」「木があれば日陰ができるから，夏でも涼しい。」「家の前に塀が建っているのも，強い風から家を守るためだと思う。」などの意見が出される。沖縄県の伝統的な民家では，家のまわりにサンゴ礁起源の琉球石灰岩で造られ

沖縄の民家

た塀を建てる。この塀が，台風の常襲地域であるという気候の特色と関連していることを読み解くことにより，気候を活かした生活様式が展開されていることが理解できるようになる。

2　事実を追究する学習

　第3・4学年の社会科学習では，店を調べる単元があるが，そこでは，スーパーマーケットが取り上げられることが多い。この学習では，しばしばスーパーマーケットの見学に出かけていく。スーパーマーケットの見学の前に，事前に学習問題を設定する。その中で，「スーパーマーケットで売られている品物は，どこから運ばれてくるのだろうか。」という疑問が出されるかもしれない。このとき売られている品物の産地を予想してみることが大切である。例えば，ジャガイモはどこから来ているのか，日本地図を見ながら考えてみる。その後で，子どもが実際に見学に行き，スーパーマーケットで売られている品物の産地を調べる。商品には産地表示があるため，それらがどこの地域でとれたか分かる。子どもは，「ジャガイモは，北海道から来た。」「リンゴは青森県産だ。」「ナシは茨城県でとれた。」と発見する。また，「バナナはフィリピン産と書いてあった。」「キウイフルーツは，ニュージーランドだ。」などと外国から運ばれてくる品物があることに気づくことができる。

　教室に帰ってから，日本地図と世界地図を活用し，これらの品物がとれた場所にしるしを付ける。このような作業を通して，自分が今いる場所すなわち消費地と産地の位置関係や距離をとらえることができる。太平洋の南にあるニュージーランドからキウイフルーツがはるばる運ばれてくることを知り，スーパーマーケットの商品は，遠く海外からも輸入されることが理解できる。

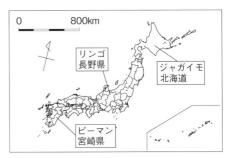
日本地図でとれた場所を確認

ただ漠然と「スーパーマーケットの商品は，いろいろな所から来る。」というまとめ方では，事実をとらえているとは言えない。「キウイフルーツはニュージーランドから。」，「バナナはフィリピンから。」という一つひとつの事実を積み重ね，地図を使って場所を確かめる活動の結果として，国内外の様々な地域との結び付きを実感できるようになる。

　第３学年のはじめには「まちたんけん」の学習がある。小学校学習指導要領社会第３・４学年の内容には，「地域の様子は場所によって違いがあることを考えるようにする。」と示されている。この単元は，学校がある地域が学習の対象となるため，場所による違いとして取り上げる事象は，地域の実態に応じて異なる。地域によっては，坂の上の方の土地の高い地域と低い地域を比較する。さらに住宅地が多い地域と，田や畑が多い地域を比較することも考えられる。また，駅周辺などの商店の多い地域と住宅が多い地域を比較する場合もあるだろう。あるいは，幹線道路に沿った場所と幹線道路から離れた狭い道路に沿った場所も比較できる。

　まちたんけんで道路の様子を比較するときには，まず土地利用や景観の違いを確かめることが重要である。幹線道路の近くは，店や高層のビルが見られることが多いことを発見するかもしれない。また，そこから離れ，狭い道路に入ると，ビルではなく戸建ての住宅，田や畑が多く見られるようになる。このときに，幹線道路と狭い道路の交通量を調べる。例えば，幹線道路では，３分に40台の自動車が通り，狭い道路では10台だったことが分かれば，子どもは定量的に道路の違いをとらえることができる。このような事実が確かめられれば，幹線道路沿いには，「店がたくさんあるのは，どうしてだろう。」という問題を追究したとき，「交通量が多いから，お店のお客さんもたくさん来ると思う。」と店の立地と交通量を関連させて考えることができるようになる。

　自分の力で資料を読み解き，事象を観察し，事実を追究することを通して得た情報を友だちと伝え合う。授業ではこのような活動を積み重ねることによって，学びが深まっていく。

（吉田和義）

第2項 伝え合う力を引き出す教科書と地図帳の活用

1 社会科教科書の特性

　社会科教科書は，国語や算数の教科書と大きく異なる部分がある。それは，解説型の記述で構成されているということである。例えば，中学年の消防の仕事を扱う単元には，「まなみさんたちは，火事の写真やイラスト，市で起きた火事に関するグラフなどを見ながら，感じたことや考えたことを話し合いました。そして，学校や地いきが，どのようにして火事から守られているのかを知りたいと思いました。」(K社・H23年版) との記述があり，登場人物が単元の学びを進めていく記述になっている。また，6年生の歴史単元では，「ゆうたさんは，平氏をほろぼした源頼朝のその後について調べることにしました。」というリード文の後,「頼朝は，御家人がもつ領地の支配をみとめたり，手がらを立てた者に対して領地をあたえたりしました（御恩）。」(O社・H17年版) などと，歴史上の登場人物が本文の主語となり，記述されている。いずれにしても，読みやすい解説型の記述が採用されている。

　このような社会科教科書の記述方式をいかして，「伝え合う力」を伸ばすには,「みんなだったら，どうしますか？」と教科書に登場する人物の役割（立場）を意識させて，自分自身があたかも教科書中の登場人物になったかのような読ませ方を勧めることである。典型的なスタイルを二つ紹介しよう。

　一つは，中学年には，昔のくらし，道具を扱う単元があるが，教科書には昔の農家の生活をくわしく描いたイラストが掲載されていることがあり，この活用を考えることである。

　囲炉裏を囲んで五徳や火鉢，台所には，かまどや水がめなどが描かれているレトロなイメージの大きなイラストは，子どもにとって印象深いページであろう。このページを活用して「伝え合う」場面をどのようにつくっていくか，このイラストの中に描かれた登場人物になりきった役割演技が効果的である。

それぞれの家族の一員になったつもりで，会話（セリフ）を考えさせて「ある冬の日曜日の朝。このシーンでの家族の会話の中身を考えてセリフを発表しましょう。」ともちかけるのである。収穫の話や手伝いなど，農家らしい会話が飛び出すかもしれない。

もう一つの例は，6年生の歴史単元である。信長・秀吉・家康が登場する戦国時代は，「日本の歴史」の学習の山場の一つである。どの武将もそれなりに天下を取ったと言えるが，あえて「この三人の中で，天下を取ったと言えるのは誰だと思いますか？」と発問することで，自分なりの意見をもつことができる。「わたしは，関白にも駆け上がり，刀狩や検地も行った秀吉だと思います。」「わたしは，やはり最初に京に上った信長だと思います。」「270年もの江戸時代の基礎を作った家康こそ天下を取った人物ではないか。」などといった意見の出し合い・伝え合いが見られるだろう。

2 地図帳の活用と伝え合う力

全教科で「言語活動の重視」が提唱されている。地図帳の学習も，当然言語活動を豊かにする役割を担っている。地図帳に描かれた点や線，施設，土地利用などの記号や，標高に応じた色彩はいずれもサイン（記号）という一種の言語であり，地名は言葉そのものである。伝え合う必然性がもたらされたら，地図帳を介して活発な会話が生まれるだろう。では，地図帳を通してどんな発問を工夫すれば言語活動を豊かにできるのか，四つの型を提示したい。

(1) 場所を伝え合う発問

社会事象が起きた「場所」は，歴史的な由来やイメージも加味され，多義的にとらえる場面で大切な視点である。「○○はどこにありますか？地図を使ってその位置を正確に説明しましょう。」や「○○のある場所はどんな場所ですか？昔は何があった場所ですか？」などと発問することで，児童の間にその場所について考え，伝え合う必然性が生まれる。

具体例をあげよう。「自動車工場で有名な豊田市は，日本のどこにありますか？」と問いかけ，児童からは，「本州の真ん中で，太平洋側に位置する愛知県にあります。」「交通の便もよく，大きな工場で有名なトヨタ自動車会社がある市です。」といった答えが返ってくればOKである。次に，歴史単元を例にしてみよう。「頼朝は，どこに武家政権（幕府）を開きましたか？」との発問は，第一発問としては簡単である。おそらく児童からは，「鎌倉です。」とすぐに答えが返ってくるだろう。むしろ，次の第二発問が鍵となる。「近畿（京都）から遠い関東の鎌倉に，どうして頼朝は幕府を開いたのかなあ？」という発言が，児童の方から飛び出してきたら素晴らしい。平安時代までの都の位置とは，大きく異なる鎌倉の位置や鎌倉周辺の地形，源氏の本拠地であった東国の要地であった点が見えてくる。

　「〇〇はどこですか？」「どのように広がっていますか？」「周りはどうなっていますか？」「どうして〇〇という場所にあるのでしょうか？」などの問いかけは，地図から伝え合う言葉を生み出す基本である。

（2）地域と地域を比べる発問

　何といっても比較は，思考を深める発問の定石である。児童には，三つ以上の比較は複雑で混乱しがちなので，できる限り二つに絞って事物事象を比較させることを勧めたい。例えば，5年生の「日本の食料生産」を扱う単元では，食料自給率が話題になるが，日本とアメリカの地図を同縮尺で比べさせることで，「日本とアメリカ合衆国は，どうして食料自給率の差がこんなにあるのかな？」「二つの国の国土の大きさを比べてみたら？」「もしアメリカからの穀物の輸入がなくなったら，日本人の食べるものはどうなるだろう？」などと思考が深まり，その解決策を考え，伝え合う姿勢が強まるようになる。

　同様に，5年生の暖かい土地と寒い土地のくらしの学習でも比較が鍵になる。例えば，自分たちの住んでいる県と沖縄県（あるいは北海道）の緯度を地図帳で比較させる→さらに地図帳に掲載されている理科年表の気温表から，1月・2月の那覇市と札幌市の平均気温を比較する→沖縄と北海道のいろいろなくら

しの様子を調べる→「住むとしたら,どちらの方に住みたいですか?」と発問することで,自分に引き寄せて理解できるようになる。

場所は空間的な比較でなく,時間的な比較も面白い。地図帳と絡めた比較では,「むかしの県の呼び名と今の都道府県の名前を比べて,どう変わったのでしょう?」「第二次世界大戦の前と後とを比べると日本の領土はどう変わったのでしょうか?」などは地図帳を必ず使うことになるため,伝え合う場面に深みが生じるようになる。

(3) 移動を伝え合う発問

地図帳を眺める一番の楽しみは,まるで自分が旅をしているかのような気分を味わえる点にある。つまり,地図の上で「移動」がイメージできる点が面白い。中学年での学習「わたしたちの○○県」のまとめで,「2泊3日で県内をめぐるおすすめ観光ルートを企画するとしたら,どんな案が作れますか?」といった問いかけ,あるいは5年生の「日本の食料生産」で食料輸入を考える際,「給食のパンの材料になる小麦(粉)がミシシッピー川を下って集められ,名古屋港に運ばれてくる様子を互いに説明し合いましょう。」と,人やものの移動を地図上でイメージし,移動場面を伝え合うことが面白い。

6年生の歴史単元では,例えば,瀬戸内海を中心にした源平合戦の地図から,しだいに平氏が壇ノ浦まで追い詰められていく様子が想像できたり,江戸時代の大名行列が通った道をたどることで,参勤交代の時代の旅が想像できたりする。さらに,明治維新後に欧米視察に出かけた岩倉使節団のルートをたどる作業学習を行えば,きっと児童自身も使節団の一員になった気分で感動をつぶやくに違いない。伝え合いたいと思わせる手立ての一つとして,歴史の舞台に立たせて,歴史上の人物と同じ動きを地図帳を使ってイメージさせることが有効である。

(4) 因果関係をたずねる発問

「太平洋ベルトにはどうして多くの工業地帯や地域が並んでいるのでしょう?」,「越後平野など東北地方の平野では,どうして米作りが盛んなのでしょ

う？地形と川，気候とどんな関係がありますか？」という因果関係をたずねる発問が，伝え合いを誘発する。自然と人間生活との関係，核となる農工業の生産地とそれを成り立たせる条件との関係，土地柄やその土地に根差した文化など，関係性を思考できればおのずと伝え合いたくなる。こういった因果関係をたずねる発問こそ，最も社会科としての水準が高い。「暖かい（寒い）土地のくらしでは，エネルギー消費量はどうなっていますか？」「工業の盛んな地域と交通網との関係は？」などの比較的やさしい関係知から，「市の南に市街地が広がっていますね。どうしてかな？　南側に発展した理由は？」「明治維新を起こした藩（薩摩・長州）と親藩・譜代・外様大名の分布との間に何か関係はありますか？」などといったやや複雑な関係知まで，関係をたずねる発問こそ，社会科らしい「伝え合う学び」が生まれる瞬間といえる。関係を見い出す力は，社会事象を構造的にとらえることに通じ，現代に生きて働く活用型の学力といえる。

3　伝え合う力を豊かにする授業の三条件

　伝え合う力を豊かにするための授業の条件は，第一に，言葉で自分から表現（疑問や解釈，説明，論述，要約）したい意欲をもたせる問いが設定できるか，第二に，題材に関わる図や写真，発表の道具など児童にとって言語化しやすい準備がなされているか，第三に，伝え合いの結果が単元のねらいにつながっていくように見通しができているかの三点である。

　例えば，第一の条件として，「本物の消防士と消防団員さんはどう違うの？」という問いは，公的な消防署と消防団という市民による仕組みの違いに気づかせる大事な発問になる。また，用水の開発と先人の働きの単元で，「川は近くに流れているのに，どうしてあんなに上流に取水のための堰を設けて用水を何十キロも通したのかな？」は，どちらも伝え合う場面に移行させるためには，消防署だけではその地域の防火が果たせない事実が分かる資料や，堰のある場所と川の海抜の差が必要になる。さらに，歴史の単元で「源頼朝は

京都から離れた鎌倉にどうして幕府を開いたのかな？」というような，ある程度，答えの予想ができる部分を内包した問いを児童にもたせることも重要である。つまり，伝え合う際に必要な事実（情報）が用意されていることが前提条件である。

　太平洋ベルトの題材に例をとれば，有名な工業地帯や工業地域の名称を確認しつつ，「京浜工業地帯の『けいひん』ってどんな言葉から来ているの？」「中京や阪神もどうして『ちゅうきょう』や『はんしん』っていう呼び方をするの？」と，名称知識を揺さぶる発問から入ると案外効果的である。「けい（京）って東京の京ではないの？」「ひん（浜）って横浜の浜かな，それとも浜松の浜？」と予想が飛び出したら言語活動も豊かになる。ひととおり，名称が確認できた後で，「どうして工業地帯や工業地域の多くが，太平洋ベルトの間に集まっているの？」と発問すれば，自然な流れとなる。その前の学習で自動車産業について学んでいるので，大手の自動車会社の本社の場所を列記して問いかけても面白い。

　次に，第二の言語化しやすい準備がなされているかであるが，教室に大型の日本地図や世界地図，地球儀が掲示されていれば言語化しやすい。地図帳だけで授業を進めないで，各種地図類を常備していてほしい。そうすれば，児童は地図を使って理由を説明するはずである。「伝えたい」という言葉にかけて，魚の鯛のイラストを用意しておいても効果的である。意欲的な意味が込められた"伝え鯛"が学級内を泳ぎ回る授業こそ目ざしたい。

　第三に，伝え合いの結果が単元のねらいにいかせるか否かであるが，例えば，室町文化において茶道や書院造を学ぶことは，指導要領にも明記されている。今日の日本文化にも通じる室町文化を知ることは，国際理解を進める上でも欠かせないからである。教科書を何度も読み通すことでこれらは明確になる。教師は半分りのつもりで，小学生用の教科書をじっくりと読まない傾向にあるが，小学校の社会科教科書でも侮れないほど内容が多岐に渡っている。図や表，写真等のキャプションも含めて丁寧に読解してほしい。　　　　（寺本　潔）

第３項　思考ツールで「つなぎ・じぶんごと」へ

１　文章への過信からの脱却を

　「分かるまで何度でも読み返すと分かるかもしれない。」「この作文がよく分からないのは，自分の読解力が足りないからだ。」などと思ったことはないだろうか。これは，文脈という文章を過信しているからにほかならない。文章は，文脈という「線」のもとで物ごとを理解し，表現しなくてはならない。「です・ます調」とか接続詞など，細かい部分まで気をつかわなくてはならない。「食料自給率」や「減反」など，難しい意味を含んでいる社会科用語も駆使しながら，「伝え合う学び」を実現するためにも，文章で説明できること，文でまとめることができることが，究極の目的のように思ってしまってはいないだろうか。まず，そうした先入観を払拭することが大事である。つまり，文脈至上主義からの脱却である。

　社会科は，実際の社会生活から題材を集めているので，複雑で難解な対象を教材として扱っている。その上で対話や伝え合う場面を重視しようとするためには，よほどの文章の達人や弁論家でなくては自由自在に自分の思うところを表現できない。社会事象がもつ多様な関係性や，時系列・空間的な関係，強く結び付く関係，弱い関係，遠い関係，近い関係など関係性を表すには実に様々なものがある。これらを理解し表現するために大人社会では，文章だけでなく，例えば，時系列な関係は年表やカレンダー，スケジュール表などの形で表し，空間的な関係は見取り図や模式図，平面地図，図解などの形で，結び付きの強弱は矢印（⇨）の太さや長さで表現しているのではないだろうか。それにもかかわらず，授業では「各自ノートに今日の授業で分かったことを（文章で）まとめましょう。」とか，「前に出てきて，黒板に自分の考えを一行で書いて下さい。」などと無理難題を押し付けてはこなかっただろうか。意味があいまいだったり，矛盾が含まれていたりする社会事象を扱

う社会科では，安易に未消化なままで文章表現を強いては，却って社会科嫌いを生むだけである。

　キーワードを書かせて，その間に矢印を引かせ，「これとこれとがどのように結び付いているのだろう？」「優先順位を付けるとしたらどんな順番に並べ替えたらいいかな？」「仲間分けをして整理してみよう。」などと，ノートや黒板で概念を操作することから，理解は深まっていく。文章は論理を最初から大事に扱うが，図解はイメージや感覚的な印象も解き放つことが可能なので，むしろ小学生には向いているとも言えよう。社会科授業で伝え合う力を育てるためにも，図や表，矢印などの手軽な思考ツールをもっと活用すべきではないだろうか。

2　思考ツールのとっかかり

　子どもに思考ツールを提示する最初は，仲間分けと小タイトル付けである。黒板に枠を示し，子どもからの発言を二つに仲間分けすることから始めるとよい。5年生の農業の単元で，海外からの食料の輸入に頼る我が国の問題点を整理する場面で，「良い点」と「心配な点」という小タイトルを付けて意見を引き出すと，前者では外国産は安くて一年中手に入るので便利という輸入賛成派と，遺伝子操作や農薬など安全性が心配，旬のときだけしか食べられず，価格は高いけれど美味しいから国産品がいいと主張する意見が対立するだろう。結果，仲間分けした発言群は，「輸入派」と「国産派」にタイトルを変更することになる。

　次に，矢印を効果的に用いて輸入派の意見から矢印を国産派の方に向けて行けば，国産品が価格の点で大きく不利である点を明確化でき，農業従事者の減少と結び付けることもできる。様々な基本的な思考ツールは，このように学習問題を関連性を示しながら可視化できるメリットがある。

　思考ツールには，後段のページに示すように階段状や三角形で図解する方法，マインドマップ，タイムライン，ダイヤモンドランキング，ウイッシュ

ボーンなどがある。書店で自己啓発本やビジネス本のコーナーを探せば，新しい思考ツールの有効性が紹介されている。くわしくは関連本（拙著で恐縮であるが，寺本潔・一ノ瀬善崇『授業力＆学力アップ！図解型板書で社会科授業』黎明書房発行）を参照してもらいたい。

3 「じぶんごと」へつなぐ

　複雑な社会事象を，図解で整理できただけで社会科学習が成功したと言うのは短絡的である。例えば日本の水産業を学んだ後で，「僕は魚はあまり食べないから水産物が減ってきても困らないよ。」とか，国際理解で発展途上国の生活や文化や日本との関係を学んだ後，結局「アフリカのような途上国でなく日本に住んでいてやっぱりよかった。」といった感想が子どもから飛び出してきたら，「じぶんごと」に達しているとは言えない。

　「じぶんごと」とは，自己中心的な思考をとることではない。自分に対象を引き寄せて当事者意識に立つということである。「水産業は，海に囲まれている日本人にとってなくてはならない産業である。だから，漁業を守りたいから，魚も嫌いにならないで食べる！」「アフリカの人たちも美しい服を着たいからデザインを工夫しているんだね。」などと相手の側から物事をとらえる，公的公正な視点から判断する，経済力の差だけで相手の文化をも蔑むのでなく，相手の優れた文化に敬意を払ったり，利益を著しく損ねることがないような温かみのある解決策を考えることが本当の「じぶんごと」から見るということではないだろうか。

　社会科授業は，事実を通して多面的な思考を養う場である。確かな事実を資料を通して正しく読み取り，自分に問いを引き寄せる「おたずね」から学習が始まる。「おたずね」を互いに出し合う（伝え合う）過程で，問いも焦点化されていく。問いが明確化できれば，思考は一定の答えを求めて働き出す。図解や思考ツールはそれを交通整理する手立てに過ぎないが，思考ツールを使う中で，図や枠組み自体が新たな気づきを生み出す瞬間も生じる。思

考ツールで深く思考していけば、次第に自分の問題意識としてとらえられるようになり、最終的に「じぶんごと」として関心の焦点が当たり、的を射抜くように意欲的に追究するようになる。

(寺本　潔)

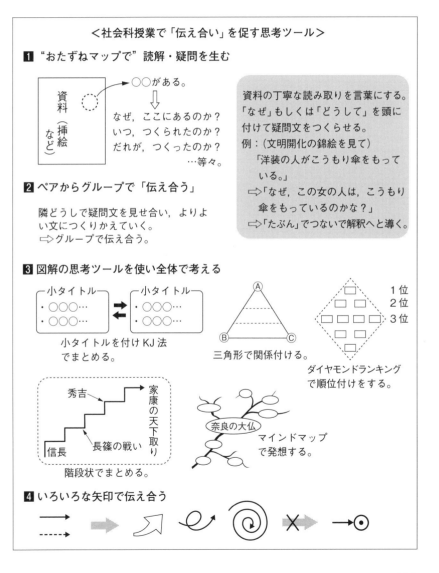

コラム：思考ツールを使って伝え合うための社会科テーマ

本項で解説した思考ツールを，どのような課題で使用すれば効果的なのであろうか。以下に，アイデアの一例ではあるが，学年別に列記してみたい。

◆3年
- いろいろな仕事ってこんなに面白い！野菜づくりや工場の仕事のPR文をカードに書き，仕事の大切さが最も伝わるカードをランキングで選ぶ。
- 学校の絵記号を黒板の真ん中に描き，各方位に線を放射状に伸ばして市内の公共施設や主要地名の位置を児童に説明させる。

◆4年
- 県の観光ガイドマップを作成させ，観光客の楽しみを表した動詞（例：きれいな風景の写真を撮る）を観光地とセットで考えて，班で楽しみ方の仲間分けをKJ法で行う。
- 教科書内の絵や写真，学習問題になる資料を「おたずねマップ」の方式で読み取り，「事実の読み取り」と「自分の考え」（疑問や解釈）を書かせる。
- 学区の犯罪や事故の実態数字から，犯罪や火災防止の標語を作成させる。「これだけ警察や標識設置，防犯組織が活動しているのにどうして犯罪がゼロにならないのですか？」と矛盾を突いて解決策を付箋に書き出す。

◆5年
- 紙の中心に自分の顔イラストを描かせ，その脇に「わたしたち」と記入し，周りに食料生産の単元で学んだ学習問題と分かったことを書いた小カードを配置し，「わたしたち」と→で関係付ける。
- 自然を守ることと防災の備えをするために，堤防や砂防ダムを建設することを二項対立として板書する。
- 情報のおかげで生活や社会が便利になったことと反対に，情報化されることによって困ったこと（カード破産者の増加，ネット犯罪）を対峙させる。
- 自動車に乗る人，自動車を作る人，道を歩いている人，身近な生き物などの立場から，これからの自動車づくりのコンセプトを考える（快適さ，安全，エコのキーワードを念頭に）。

◆6年
- 戦時下の様々な立場の人になりきって，つぶやき言葉を書く（内地で生活している人，戦地に行った人，沖縄の人，疎開した小学生，アジアの人々）。
- 戦後のあゆみをタイムライン図に書く。年号とキャッチフレーズ書きで（例：「1964年五輪が空に浮かんだ東京オリンピック」）。
- 政治の働きや国や県，市などのかかわりは関係図の作図で言語化する（事実を小さいカードに書かせ，関係のあるものを線や→でつなげて説明させる。例：税金のしくみ，国会・内閣・裁判所の役割）。

（寺本　潔）

エピローグ

　著名なジャーナリスト，池上彰氏の著書『伝える力』（PHPビジネス新書2007年刊）は，社会人向けに自分の思いを伝える力を高める方法について解説した著作である。この本が広く読まれる背景には，社会で活躍する人々の多くが，社会生活の中で伝えることの重要性を認識し，その能力を向上させたいと願っている様子が伺える。この本の最後に，「上質なインプットをする」という章が設けられ，より良いアウトプットをするためには，上質なインプットが欠かせないと主張されている。すなわち，何かを伝えるためには，まず伝える中身を獲得する必要があることを意味する。

　これを社会科の授業に当てはめると，子どもが何かを伝えるためには，それに先立ってより良いインプットがなければならないと読み取れる。インプットが成功すれば，自然とアウトプットしたいという気持ちが高まるということだろう。

　かつて世界の有名な探険家は，未知の世界を求めて探検に出かけた後，自分が発見した事実を，人々に伝えた。13世紀イタリア，ベネチアの商人マルコ・ポーロは，ユーラシア大陸の大帝国，元の都を目ざしてアジアを探検した。その後，彼自身が見聞したことをまとめた著作が『世界の記述（東方見聞録）』として出版される。探検の結果は，広く伝えられ，当時のヨーロッパ社会に大きな影響を与えた。そして，当時の人々の世界像を描き改めることに大きく貢献した。

　授業も知的な探検の要素が含まれていれば，子どもは好奇心を刺激され，探検の後に，新発見の事実を伝えようとする意欲が高まるに違いない。社会科の授業では，観察，見学，調査などの調べる活動が重要なインプットとなると考えられる。本書の第3学年の実践が示すように，まちの調査に出かけていくと，子どもは驚くほど多くの事実を発見してくる。地域にある坂や階段の実態を調べたり，商店街の人にインタビューしたりすると，その結果

を子ども同士嬉々として伝え合う。

　この他の，第3学年の昔のくらしや伝統行事調べ，第4学年の観光県沖縄の魅力探しや消防署の見学，第5学年の食料生産や情報ネットワークの学習，第6学年の明治時代のノルマントン号事件の裁判劇や医療費と社会保障制度の追究などの実践は，テーマが多様で，どれも実に魅力的である。それぞれの実践の中に，子どもが未知の世界を既知の世界に引き入れようとする知的な探検が用意されていると言えよう。

　これらの授業が示すのは，インプットが印象的であればあるほど，伝えようとする思いが高まるという事実である。まさに良質のインプットが，アウトプットとしての伝える活動を導き出す。

　近年，社会科で育つ固有の力が問われている。知的な探検に出かけ，資料を読み解き，新たな事実を発見し，それを伝え合う。そして自分たちの世界を広げていく。この過程の中にこそ，社会科で伸張すべき固有の力が見えてくるのではないだろうか。伝えることを通して，世界とかかわり，世界の中における自分の場所が分かる。そして自分なりに世界の組み立てを了解する。これは子どもの人間形成にとって大切な過程であり，それを支援する中に社会科の担うべき重要な役割の一つがあると考えられる。

　本書を手に取った方々が，是非子どもたちと一緒に知的な探検に出かけ，その結果を伝える授業を組み立てて，伝え合う楽しさを味わっていただきたい。本書が先生方にとってより魅力的な授業を創造するきっかけとなれば，これに勝る喜びはない。
　　　　　　　　　　　　　　　　　　　　　　　　　　　（吉田和義）

編著者・執筆者一覧

- 編著者（五十音順）
  - 寺本　潔　　　玉川大学教授
  - 吉田和義　　　創価大学准教授

- 執筆者（五十音順）
  - 加藤智敏　　　横浜市立白幡小学校教諭
  - 草彅堅太郎　　東京都大田区立矢口東小学校教諭
  - 齋藤健太　　　東京都国分寺市立第二小学校教諭
  - 佐藤一馬　　　千葉大学教育学部附属小学校教諭
  - 寺本　潔　　　玉川大学教授
  - 仲村恵子　　　琉球大学教育学部附属小学校教諭
  - 三浦昌宏　　　千葉県四街道市立四街道小学校教諭
  - 山内かおり　　沖縄県中城村立中城南小学校教諭
  - 吉田和義　　　創価大学准教授

編著者紹介

寺本　潔(てらもと　きよし)
　1956年　熊本県生まれ。
熊本大学教育学部卒，筑波大学大学院修了。筑波大学附属小学校教諭を経て，長年愛知教育大学で教鞭を執り，現在，玉川大学教育学部教授。
◆主な編著書
『子どもの知覚環境』(地人書房)，『社会科の基礎・基本　地図の学力』(明治図書)など。近刊の『よのなかの図鑑』(小学館)を監修。

吉田和義(よしだ　かずよし)
　1957年　東京都生まれ。
東京学芸大学教育学部卒業。同大学大学院修了。東京都公立小学校教諭を経て，現在，創価大学教育学部准教授。
◆主な著書
単著に『地理学習を面白くする授業アイデア』(明治図書)，分担執筆した図書に『社会科教育の創造－基礎・理論・実践－』(教育出版)，『教師のための現代社会論』(教育出版)など。

伝え合う力が育つ社会科授業

2015年2月12日　初版第1刷発行
2017年2月1日　初版第2刷発行

編著者	寺　本　　　潔
	吉　田　和　義
発行者	山﨑富士雄
発行所	教育出版株式会社

〒101-0051　東京都千代田区神田神保町2-10
TEL　03 (3238) 6965　　振替　00190-1-107340

©K.Teramoto K.Yoshida 2015
Printed in Japan
落丁・乱丁はお取替えいたします

組版　さくら工芸社
印刷　藤原印刷
製本　上島製本

ISBN978-4-316-80408-8 C3037